T0198711

essentials

essentials liefern aktuelles Wissen in konzentrierter Form. Die Essenz dessen, worauf es als „State-of-the-Art" in der gegenwärtigen Fachdiskussion oder in der Praxis ankommt. *essentials* informieren schnell, unkompliziert und verständlich

- als Einführung in ein aktuelles Thema aus Ihrem Fachgebiet
- als Einstieg in ein für Sie noch unbekanntes Themenfeld
- als Einblick, um zum Thema mitreden zu können

Die Bücher in elektronischer und gedruckter Form bringen das Expertenwissen von Springer-Fachautoren kompakt zur Darstellung. Sie sind besonders für die Nutzung als eBook auf Tablet-PCs, eBook-Readern und Smartphones geeignet. *essentials:* Wissensbausteine aus den Wirtschafts-, Sozial- und Geisteswissenschaften, aus Technik und Naturwissenschaften sowie aus Medizin, Psychologie und Gesundheitsberufen. Von renommierten Autoren aller Springer-Verlagsmarken.

Weitere Bände in der Reihe http://www.springer.com/series/13088

Alexander Goudz · Melisa Jasarevic

Einsatz der Blockchain-Technologie im Energiesektor

Grundlagen, Anwendungsgebiete und Konzepte

Alexander Goudz
Lehrstuhl Transportsysteme
und -logistik, Universität Duisburg-Essen
Duisburg, Deutschland

Melisa Jasarevic
Lehrstuhl Transportsysteme
und -logistik, Universität Duisburg-Essen
Duisburg, Deutschland

ISSN 2197-6708 ISSN 2197-6716 (electronic)
essentials
ISBN 978-3-658-31119-3 ISBN 978-3-658-31120-9 (eBook)
https://doi.org/10.1007/978-3-658-31120-9

Die Deutsche Nationalbibliothek verzeichnet diese Publikation in der Deutschen Nationalbibliografie; detaillierte bibliografische Daten sind im Internet über http://dnb.d-nb.de abrufbar.

Planung/Lektorat: Susanne Kramer
Springer Gabler ist ein Imprint der eingetragenen Gesellschaft Springer Fachmedien Wiesbaden GmbH und ist ein Teil von Springer Nature.
Die Anschrift der Gesellschaft ist: Abraham-Lincoln-Str. 46, 65189 Wiesbaden, Germany

Was Sie in diesem *essential* finden können

- Eine Einführung in die theoretischen Grundlagen der Blockchain-Technologie
- Einen Einblick in den derzeitgen Energiehandel und die Digitalisierung der Energiewende
- Eine Übersicht über ausgewählte Projekte und Konzeptmöglichkeiten der Blockchain-Technologie im Energiesektor
- Eine Analyse der Potenziale und eine kritische Einordnung der Blockchain-Technologie in den Bereichen Elektromobilität, Emissionshandel und Netzengpassmanagement

Vorwort

Das Essential soll ein grundlegendes Verständnis über die Grundlagen der Blockchain-Technologie vermitteln und insbesondere den Fokus auf die technologische Ausgestaltung und Konzeptentwicklung in ausgewählten Bereichen der Energiewirtschaft legen. Ziel ist es, den theoretischen Ansatz zu überwinden und mögliche Prozessschritte zu illustrieren.

Dr. Alexander Goudz
Melisa Jasarevic

Inhaltsverzeichnis

Einleitung 1

Die Blockchain-Technologie (BCT) erweist sich als eine neue, hochinteressante Technologie, die von Transparenz und hoher Dynamik geprägt ist. In der Energiebranche zeigt sich ein großes Interesse, zahlreiche Forschungsprojekte untermauern die hohen Erwartungen an die BCT.[1]

Der deutsche Energiemarkt verändert sich; er wird mit einer Vielzahl technologischer Entwicklungen konfrontiert.[2] Denn mittlerweile erweist sich eine stetige Zahl von Endverbrauchern als sogenannte *Prosumer,* die Energie nicht nur verbrauchen, sondern Strom selber produzieren und in das Netz zurückspeisen.[3] Im Zuge der Energiewende steigt die Nachfrage nach erneuerbaren Energien, somit auch die Anzahl von Privathaushalten, die mit Heimspeichern und Ladestationen für Elektrofahrzeuge dezentrale Energiesysteme unterstützen.[4] Es bildet sich zunehmend ein lokaler Energiehandel aus, dessen Prozesse eine Neuerung darstellen.[5]

Die Digitalisierung soll dabei Unterstützung leisten und im Zuge der Energiewende den Aufbau eines neuen und digitalen Netzwerks realisieren.[6]

---

[1]Vgl. Bundesverband der Energie- und Wasserwirtschaft (2017): 5. [9]

[2]Vgl. Reichenbach et al. (2017): 222. [40]

[3]Vgl. Amthor et al. (2019): 18. [2]

[4]Vgl. Merz (2016): 65. [33]

[5]Vgl. Reichenbach et al. (2017): 224. [40]

[6]Vgl. Energate (2019). [16]

Auch die Blockchain kann dabei mit ihren Vorteilen – etwa Transparenz, Automatisierung und Steuerungsfähigkeit – Unterstützung leisten und ein digital vernetztes Netzwerk aus Millionen von Geräten schaffen.[7]

---

[7]Vgl. Bundesverband der Energie- und Wasserwirtschaft (2017): 5. [9]

Theoretische Grundlagen

2

2.1 Blockchain

Das Konzept der BCT stammt ursprünglich aus der Entwicklung der digitalen Kryptowährung „Bitcoin", die erstmals ein autonomes, transparentes und digitalisiertes Zahlungsnetzwerk zwischen Privatpersonen und ohne Vermittlungsinstanz ermöglichte. Im Jahr 2009 wurden die ersten Bitcoins unter dem Pseudonym *Satoshi Nakamoto* geschöpft.[1]

Der Begriff „Blockchain" beruht auf dieser Entwicklung und beschreibt ein technisches Konzept, das Daten und Transaktionen mithilfe kryptografischer Methodik dezentralisiert auf verschiedene Nutzer überträgt. Die Daten und Transaktionen werden dabei auf Millionen von teilnehmenden Rechnern eines Netzwerks verteilt und dokumentiert, sodass sich Datensouveränität und Manipulationssicherheit gewährleisten lassen.[2]

Die BCT ergibt sich bei der Durchführung von Transaktionen zu einem sicheren, transparenten und verteilten *(distributed)* Netzwerk. Man spricht dabei von einer „Distributed-Ledger-Technologie" (DLT). Der zentrale Aspekt einer DLT basiert darauf, dass intermediäre und zentrale Stellen entfallen.[3]

---

[1]Vgl. Bundesverband der Energie- und Wasserwirtschaft (2017): 11. [9]
[2]Vgl. Zimmermann/Hoppe (2018): 15. [55]
[3]Vgl. Ethereum-base (2017). [17]

© Der/die Herausgeber bzw. der/die Autor(en), exklusiv lizenziert durch Springer Fachmedien Wiesbaden GmbH, ein Teil von Springer Nature 2020 A. Goudz und M. Jasarevic, *Einsatz der Blockchain-Technologie im Energiesektor,* essentials, https://doi.org/10.1007/978-3-658-31120-9_2

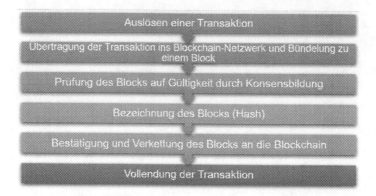

Abb. 2.1 Transaktionsprozess in der Blockchain. (Quelle: Eigene Darstellung i. A. a. Bundesverband der Energie- und Wasserwirtschaft 2017: 12 [9])

2.2   Allgemeiner Ablauf einer Transaktion

Das Prinzip der BCT beruht darauf, dass Daten in sogenannten Blöcken gespeichert sind. Die Blöcke sind sequentiell miteinander verkettet, sodass neue Daten zu einem neuen Block transferiert werden und dieser an die bestehende Blockchain angehängt wird. Die nachträgliche Änderung eines Blocks ist nicht möglich.[4] Der allgemeine Vorgang einer Transaktionsausführung in der BCT lässt sich in sechs Schritten abbilden (Abb. 2.1):[5]

1. Zwei Teilnehmer eines Blockchain-Netzwerks beschließen eine Transaktion.
2. Die Transaktion wird ins Blockchain-Netzwerk transferiert und mit anderen Transaktionen aus dem gleichen Zeitraum zu einem Block zusammengefasst.
3. Die anderen Teilnehmer prüfen den Block auf Gültigkeit und bestätigen ihn anschließend über eine Konsensbildung.
4. Es erfolgt eine besondere Bezeichnung *(hash)* des neuen Blocks, die auf den Namen der vorherigen Blöcke basiert.
5. Der Block wird anschließend an die vorherigen Blöcke von Transaktionen angehängt, sodass eine stetig wachsende Kette *(chain)* aus Datenblöcken

---

[4]Vgl. Bundesverband der Energie- und Wasserwirtschaft (2017): 12. [9]
[5]Vgl. ebd.

(blocks) entsteht. Die Anbindung an die bestehende Blockchain-Kette erfolgt über die angeschlossenen Rechner *(nodes)*, die untersuchen, ob die besondere Bezeichnung *(hash)* zutreffend ist.

6. Abschließend wird die Transkation, für die Transaktionsteilnehmer ersichtlich, ins Netzwerk übernommen und bestätigt.[6]

2.3 Akteure

Die BCT präsentiert sich als dezentrales Netzwerk, bestehend aus mehreren Akteuren. Man unterscheidet dabei zwischen drei Gruppen: *Teilnehmer, Nodes* und *Miner.*

Die Teilnehmer charakterisieren sich als Transaktionsberechtigte in einem Blockchain-Netzwerk. Sie sind lediglich an der Ausführung von Transaktionen beteiligt – das Ausführen von Rechnungen oder das Lösen kryptografischer Rätsel liegen außerhalb ihres Aufgabenbereichs.[7] Für die Durchführung von Transaktionen besitzen die Teilnehmer eine digitale Geldbörse, die *Wallet.*[8]

Im Gegensatz dazu verkörpern Nodes die Knoten eines Bitcoin-Netzwerks. Sie fungieren als Kontrollinstanz und überprüfen die Transaktionen auf deren Plausibilität. Dabei ist hervorzuheben, dass Nodes keine Rechnungen durchführen, sondern ausschließlich prüfen, ob die durchgeführten Berechnungen der Miner stimmen. Für diese Prüfungen sind keine rechenintensive Leistungen erforderlich, sodass Nodes gewöhnliche Computer verkörpern.[9]

Miner dagegen sind spezialisierte, leistungsfähige Rechner und fungieren im Blockchain-Netzwerk als Hauptinstanz. Sie sind für die Erstellung von Blöcken durch das Lösen eines kryptografischen Rätsels notwendig.[10] Dabei ermitteln die Miner den Hash-Wert eines neuen Blocks im Wettbewerb.[11]

---

[6]Vgl. Bundesverband der Energie- und Wasserwirtschaft (2017): 12. [9]

[7]Vgl. ebd., 15.

[8]Vgl. Bundesnetzagentur für Elektrizität, Gas, Telekommunikation, Post und Eisenbahnen (2019): 9. [8]

[9]Vgl. ebd., 10.

[10]Vgl. Bundesverband der Energie- und Wasserwirtschaft (2017): 15. [9]

[11]Vgl. Bundesnetzagentur für Elektrizität, Gas, Telekommunikation, Post und Eisenbahnen (2019): 10. [8]

2.4   Konsensmechanismen

Um einen Block an die bestehende Blockchain zu hängen, existieren verschiedene Methoden, die als Konsensmechanismen bezeichnet werden.

Der „Proof-of-Work-Konsensmechanismus" (PoW) ist der bekannteste und
meistvertretene Mechanismus eines Blockchain-Netzwerks, beispielsweise beim
Bitcoin-Netzwerk.[12] Er basiert darauf, dass alle Miner das Ziel verfolgen, das
kryptografische Rätsel zu lösen.[13] Der schnellste Miner erhält für die erfolg-
reiche Lösung des Hash-Wertes im Bitcoin-Netzwerk eine monetäre Vergütung
(„Tokens"). Sofern ein Miner einen Hash-Wert berechnet hat, wird dieser von
den Nodes geprüft und ggf. bestätigt. Nach Bestätigung kann ein Block an die
bestehende Blockchain angehängt werden.[14] Der PoW gilt als sehr sicheres
Verfahren. Zugleich ist hervorzuheben, dass dieses Konzept rechenintensive
Operationen verursacht.[15]

Eine ressourcenschonendere und schnellere Variante stellt das „Proof-of-
Stake-Konzept" (PoS) dar. Der Rechenaufwand für das Anhängen eines neuen
Blocks ist geringer, da gezielt (wohlhabendere) Teilnehmer angefragt werden,
um eine Transaktion zu bestätigen.[16] Die zentrale Annahme beim PoS ist, dass
Teilnehmer mit höheren Anteilen an Kryptowährungen, den Erhalt und die Entwicklung des Netzwerks anstreben. Aufgrund dieser Annahme werden diese Teilnehmer für das Entstehen von Blöcken verantwortlich gemacht.[17]

Der „Proof-of-Authority-Konsensmechanismus" (PoA) ist die dritte Variante
zur Blockbildung in einem Blockchain-Netzwerk. Dabei werden neue Blöcke
durch eine zentrale Instanz – einen vorher bestimmten Teilnehmer *(authority)* –
generiert und an die bestehende Blockchain angebunden.[18] Dieser Mechanismus
erweist sich als deutlich schneller und ressourcenschonender als das PoS.[19]

---

[12]Vgl. ebd., 11.

[13]Vgl. Merz (2016): 57. [33]

[14]Vgl. Bundesnetzagentur für Elektrizität, Gas, Telekommunikation, Post und Eisenbahnen
(2019): 10 und die dort angegebene Literatur. [8]

[15]Vgl. ebd., 12.

[16]Vgl. Bundesverband der Energie- und Wasserwirtschaft (2017): 19. [9]

[17]Vgl. Bundesnetzagentur für Elektrizität, Gas, Telekommunikation, Post und Eisenbahnen
(2019): 13. [8]

[18]Vgl. Bundesverband der Energie- und Wasserwirtschaft (2017): 19. [9]

[19]Vgl. Bundesnetzagentur für Elektrizität, Gas, Telekommunikation, Post und Eisenbahnen
(2019): 13. [8]

2.5 Blockchain-Arten

Ein ausschlaggebender Aspekt der Kategorisierung von Blockchains ist die Gestaltung des Zugriffs. Zunächst wird zwischen drei Blockchain-Arten differenziert: die *öffentlichen,* die *privaten* und, als Hybridvariante, die *konsortialen* Blockchains.[20]

Die heute bekanntesten Blockchains, beispielsweise *Bitcoin* oder *Ethereum,* sind öffentliche *(permissionless)* Blockchains. Diese bieten unbeschränkten Zugriff für Nutzer: Jeder ist dazu berechtigt, als Miner oder Node zu agieren.[21] Dabei ist der PoW für das Erstellen von neuen Blöcken *(mining)* zentraler Bestandteil.[22]

Im Gegensatz dazu beschreiben private, also zugriffsbeschränkte *(permissioned)* Blockchains abgeschlossene Systeme, die nur für ein bestimmtes Publikum zur Verfügung stehen.[23] Weiterhin sind für die Verifizierung und den Konsens nur bewilligte Teilnehmer genehmigt, die das sogenannte „Konsortium" bilden.[24] Des Weiteren beruht die Konsensbestimmung auf dem ressourcenschonenderen PoA.[25] Ein bekanntes Beispiel ist *Hyperledger.*[26]

Konsortial-Blockchains sind eine Mischung aus öffentlichen und privaten Blockchains. Sie werden auch als „semiprivate Blockchains" *(shared permissioned blockchains)* bezeichnet.[27] Wie bei einer privaten Blockchain sind nur zugelassene Teilnehmer vorgesehen, doch die Generierung von Blöcken kann sowohl zentral als auch dezentral ausgerichtet sein.[28]

2.6 Smart Contracts

Im Kontext der BCT sind „Smart Contracts" essenziell. Der Begriff Smart Contract wurde erstmals durch den US-amerikanischen Informatiker und Juristen Nick Szabo eingeführt. Er beschäftigte sich mit der Nutzung von rechtsrelevanten Computerprogrammen, die vollständige Verträge abbilden konnten.[29]

---

[20]Vgl. Bundesverband der Energie- und Wasserwirtschaft (2017): 17. [9]

[21]Vgl. Fridgen et al. (2019): 37. [21]

[22]Vgl. Bundesverband der Energie- und Wasserwirtschaft (2017): 19. [9]

[23]Vgl. Schütte et al. (2017): 11. [44]

[24]Vgl. Fertig/Schütz (2019): 46. [18]

[25]Vgl. Bundesverband der Energie- und Wasserwirtschaft (2017): 19. [9]

[26]Vgl. Schütte et al. (2017): 11. [44]

[27]Vgl. Bundesverband der Energie- und Wasserwirtschaft (2017): 19. [9]

[28]Vgl. ebd.,18.

[29]Vgl. Wilkens/Falk (2019): 3. [53]

In Bezug auf die BCT realisieren Smart Contracts bei vorab definierten Voraussetzungen eine vollautomatisierte und computergesteuerte Ausführung eines Vertrags.[30] Die vorab zwischen beiden Parteien definierten Bedingungen werden überprüft, folglich kann die festgelegte Leistung automatisiert erfolgen. Die Grundlage von Smart Contracts bilden Wenn-dann-Beziehungen.[31]

Die bekannten Blockchain-Plattformen *Ethereum* und *Hyperledger* nutzen Smart Contracts.[32] Weiterhin ist hervorzuheben, dass Smart Contracts unveränderlich sind und, zusätzlich zur Abwicklung von Transaktionen, der vollkommenen Dokumentation von Transaktionsabläufen dienen.[33]

2.7   Kryptografische Funktionen

Die Funktionsweise der BCT basiert auf der Nutzung von kryptografischen Funktionen. Darunter fallen die Public-Key-Kryptografie und die kryptografischen Hash-Funktionen.[34]

2.7.1   Public-Key-Kryptografie

Die Public-Key-Kryptografie ist ein asymmetrisches Verschlüsselungsverfahren und dient zur Authentifizierung von Nutzern sowie zur Sicherung von Identitäten im Blockchain-Netzwerk.[35] Jeder Blockchain-Nutzer verfügt über einen privaten *(private)* und einen öffentlichen *(public)* Schlüssel *(key)*. Dieses Schlüsselpaar wird durch einen mathematischen Algorithmus generiert. Während der private Schlüssel jedes Benutzers individuell ist und sicher verwahrt werden muss, kann der öffentliche Schlüssel von allen Mitgliedern des Blockchain-Netzwerks eingesehen werden.[36]

---

[30]Vgl. Finck (2019): 2, 3. [19]

[31]Vgl. Fertig/Schütz (2019): 270. [18]

[32]Vgl. Burgwinkel (2016): 43. [12]

[33]Vgl. Schütte et al. (2017): 28. [44]

[34]Vgl. Bundesnetzagentur für Elektrizität, Gas, Telekommunikation, Post und Eisenbahnen (2019): 7. [8]

[35]Vgl. Bogensperger et al. (2018): 21, 22. [3]

[36]Vgl. Bundesnetzagentur für Elektrizität, Gas, Telekommunikation, Post und Eisenbahnen (2019): 7. [8]

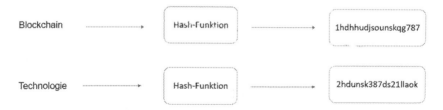

Abb. 2.2 Bildung eines Hash-Wertes durch eine Hash-Funktion. (Quelle: Eigene Darstellung i. A. a. Fertig/Schütz 2019: 71 [18])

Der öffentliche Schlüssel wird in eine Adresse *(public adress)* umfunktioniert, um Transaktionen zwischen verschiedenen Nutzern zu ermöglichen.[37] Mithilfe des privaten Schlüssels lassen sich Daten und Dokumente signieren und an andere Teilnehmer versenden. Der Empfänger kann mithilfe des öffentlichen Schlüssels überprüfen, ob die versendeten Daten tatsächlich vom Versender stammen. Die Public-Key-Kryptografie schützt mit der digitalen Signatur vor Manipulationen.[38]

2.7.2 Kryptografische Hash-Funktionen

Zur Identifizierung von Daten und Transaktionen nutzt die BCT die Hash-Funktionen. Hash-Funktionen bzw. Hash-Werte können wie ein digitaler Fingerabdruck betrachtet werden. Diese verkörpern Computerprogramme, die Daten beliebiger Länge anhand einer Zahl mit fester Länge abbilden, den sogenannten Hash-Wert.[39] Dabei sind Hash-Funktionen deterministisch, d. h. ein bestimmter Input besitzt immer denselben Hash-Wert. Eine minimale Änderung des Inputs führt demnach zu einem anderen Hash-Wert (Abb. 2.2).[40]

---

[37]Vgl. Bogensperger et al. (2018): 22. [3]

[38]Vgl. Bundesnetzagentur für Elektrizität, Gas, Telekommunikation, Post und Eisenbahnen (2019): 8. [8]

[39]Vgl. Drescher (2017): 89, 90. [14]

[40]Vgl. Bundesnetzagentur für Elektrizität, Gas, Telekommunikation, Post und Eisenbahnen (2019): 8. [8]

2.8   Ethereum

Ethereum ist eine öffentliche Plattform, basierend auf der BCT. Für den Entwickler von *Ethereum,* war insbesondere die Entwicklung von Smart Contracts
essenziell wichtig.[41] Aufgrund dessen ist diese Technologie vor allem für die
Implementierung und Führung von Smart Contracts bekannt.[42]

Auf der Open-Source-Plattform kann eine individuelle, dezentral ver-
teilte Applikation, eine sogenannte „DApp", oder eine eigene dezentralisierte
Organisation (DAO) entwickelt werden. Diese Entwicklungen bieten die
Möglichkeit, die *Ethereum*-Plattform individuell greifbar und programmierbar
zu gestalten.[43] Eine DAO lässt sich wie eine virtuelle, aus mehreren Mitgliedern
bestehende Organisation verstehen, die durch Smart Contracts gesteuert wird.
DApps sind Anwendungen, die in einem Netzwerk fungieren und auf verteilten
Knoten arbeiten.[44] *Ethereum* nutzt die Kryptowährung „Ether", um Transaktionen
auszuführen.

---

[41]Vgl. Fertig/Schütz (2019): 37. [18]
[42]Vgl. Bogensperger et al. (2018): 47. [3]
[43]Vgl. Fertig/Schütz (2019): 37. [18]
[44]Vgl. ebd., 38, 39.

Digitalisierung in der Energiewirtschaft 3

Das folgende Kapitel befasst sich mit der Digitalisierung in der Energiewirtschaft und gibt einen Überblick über den derzeitigen Entwicklungs- und Technologiestand in der Energiebranche. Auf dieser Basis soll im darauffolgenden Kapitel untersucht und aufgezeigt werden, wie die BCT als Digitalisierungsstrategie und Treiber der Energiewende fungieren könnte.

3.1 Energiewende

Der Energiesektor verändert sich. Erneuerbare Energien, dezentrale Versorgung und intelligente Messsysteme unterstreichen die Dynamik in der Branche. Die Energiewende spielt dabei eine zentrale Rolle. Vor dem Hintergrund des Klimawandels verfolgt sie das zentrale Ziel, die Treibhausgasemissionen zu reduzieren.[1]

Die Energiewende umfasst strategische und vielfältige Ziele. Hierzu zählen beispielsweise der Ausstieg aus der Kernenergie bis 2022 oder die Versorgung mit klimafreundlicher Energie.[2] Bis 2025 sollen 40 bis 45 % des in Deutschland verbrauchten Stroms aus erneuerbaren Energien stammen.[3]

Es stellt sich heraus, dass die digitale Transformation der Energiewirtschaft integraler Bestandteil der Energiewende ist.[4]

---

[1]Vgl. Bundesministerium für Wirtschaft und Energie (2020). [7]
[2]Vgl. Lutz/Breitschopf (2016): 1. [31]
[3]Vgl. Quirin (2017). [39]
[4]Vgl. Heinen/Behm (2019): 6. [23]

Basierend darauf trat im Jahr 2016 das *Gesetz zur Digitalisierung der Energie-wende* in Kraft.[5] Dieses Gesetz macht die Notwendigkeit des Einsatzes digitaler Technologien zur Umsetzung der Energiewende ersichtlich und schafft Vor-schläge für digitale Modelle im Energiemarkt.

Das klassische System der zentralen Energieerzeugung und -versorgung löst sich mehr und mehr auf. Ersetzt wird es durch ein dezentrales Netzwerk, in dessen Mittelpunkt der Kunde steht.[6]

Neue Technologien und eine digitale Transformation sollen helfen, die Ziele der Energiewende zu realisieren. Im folgenden Abschnitt wird auf relevante Innovationen eingegangen, die in der Energiebranche bereits Einzug gehalten haben.

3.1.1   Smart Meter

Als Vorreiter der Digitalisierung im Energiesektor erweisen sich intelligente Stromzähler, sogenannte „Smart Meter".[7]

Smart Meter bilden ein intelligentes Messsystem, bestehend aus einem digitalen Stromzähler und einer Kommunikationseinheit (Smart Meter Gateway), die eine sichere Datenübertragung ins intelligente Stromnetz ermöglicht. Der intelligente Stromzähler schafft vollständige Transparenz über den Stromverbrauch und bietet zusätzliche Informationen über die Erzeugungsanlage.[8]

3.1.2   Smart Grid

Smart Grids zeichnen sich als neue Technologie aus und sollen das Zusammen-spiel zwischen Energieangebot und Energienachfrage begünstigen.[9]

In bisher regulären Fällen der Energieerzeugung durch Kohle- oder Atom-kraftwerke wird eine gleichmäßig große Menge an Strom produziert. Die zunehmende Dezentralisierung des Netzwerks und eine dezentrale Energiever-sorgung durch z. B. Fotovoltaikanlagen (FVA) oder Windkraftanlagen (WKA) beeinflussen die Menge an benötigter Energie.

---

[5]Vgl. Bundesministerium für Wirtschaft und Energie (2018a): 5. [5]
[6]Vgl. Schwieters (2017): 10. [45]
[7]Vgl. Quirin (2017). [39]
[8]Vgl. Bundesministerium für Wirtschaft und Energie (2020). [7]
[9]Vgl. Töllner (2017): 203. [50]

Die Aufgabe eines Smart Grid besteht darin, diese Disparitäten auszugleichen und eine Balance zwischen Angebot und Nachfrage herzustellen, um Netzüberlastungen vorzubeugen. Dafür sind sowohl eine intelligente Informations- und Kommunikationstechnologie als auch passende Messsysteme erforderlich.[10]

3.2 Erneuerbare-Energie-Anlagen

Im Rahmen dieses Essentials wird die BCT unter anderem in Kombination mit Erneuerbare-Energie-Anlagen untersucht. Daher soll die Funktionsweise wesentlicher Arten von Energieerzeugungsanlagen kurz erläutert werden.

3.2.1 Funktionsweise einer Fotovoltaikanlage

Im Rahmen der Energiewende gewinnt die Stromerzeugung aus erneuerbaren Energien an Bedeutung. Darunter fällt unter anderem die Fotovoltaikanlage (FVA). Die FVA nutzt Solarenergie zur elektrischen Energieerzeugung. Dabei funktionieren FVAs sowohl auf Einfamilienhäusern als auch auf Industrieanlagen nach dem gleichen Prinzip: Sobald Sonnenlicht auf die Solarzellen der FVA fällt, erzeugen diese Gleichstrom. Dabei sind die Solarzellen zu größeren Solarmodulen verschaltet und diese wiederum mit einem Solargenerator verbunden. Der Generator wandelt mittels Wechselrichter den aufgenommenen Gleichstrom in Wechselstrom. Dieser kann nun für den eigenen Strombedarf, z. B. des Einfamilienhauses, genutzt werden oder ins öffentliche Netz eingespeist, das heißt zur Verfügung gestellt werden.[11]

3.2.2 Funktionsweise einer Windkraftanlage

Neben der FVA spielt die Windkraftanlage (WKA) bei der Stromerzeugung aus erneuerbaren Energien eine zentrale Rolle. WKAs nutzen die Windenergie zur Erzeugung von Strom. Eine WKA mit horizontaler Rotationsachse besteht aus den zentralen Teilen Rotor, Turm, Fundament und Maschinenhaus.[12]

---

[10]Vgl. ebd.
[11]Vgl. InnPro (2019). [28]
[12]Vgl. UKA. (o. J.). [51]

Das Windrad entnimmt dem Wind kinetische Energie, indem dieser den Rotor in Bewegung setzt; ein Generator wandelt die kinetische in elektrische Energie um. Anschließend wird diese in das Stromnetz eingespeist. Je größer die Anlage, desto mehr Strom kann sie erzeugen. WKAs sind energieeffizient, sodass die Energie, die für die Produktion und den Bau der Anlage benötigt wird, innerhalb von vier bis sechs Monaten von der WKA amortisiert worden ist.[13] WKAs sollen folglich zur einer stabilen und sicheren Stromversorgung beitragen.[14]

3.2.3   Funktionsweise eines Solarstromspeichers

Ein Solar- oder Batteriestromspeicher wird oft in Kombination mit FVAs genutzt. Er besteht aus einem Akkumulator und einer Steuerung. Der Akkumulator, eine aufladbare Batterie, besitzt eine Kapazität von einigen kWh. Die Steuerung (Abb. 3.1, Element in der Mitte) regelt und steuert das Ein- und Ausspeicherverhalten der Batterie. Bei hoher Sonneneinstrahlung am Mittag weist eine FVA eine entsprechend hohe Leistung auf und übersteigt oft den benötigten Energieverbrauch eines Haushalts. Der Solarstromspeicher sorgt nun dafür, dass der Akkumulator mit der „überschüssigen" Energie der FVA aufgeladen wird. Sobald der Energiebedarf im Haushalt steigt oder die FVA kein Strom erzeugen kann, liefert der Akkumulator die benötigte elektrische Energie.[15]

---

[13]Vgl. IG Windkraft (2015). [27]
[14]Vgl. Bundesverband WindEnergie (2018). [10]
[15]Vgl. Paschotta (2020). [37]

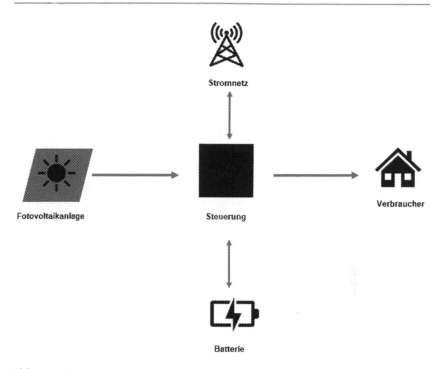

Abb. 3.1 Funktionsweise eines Solarstromspeichers. (Quelle: Eigene Darstellung i. A. a. Paschotta, 2020 [37])

Blockchain als Treiber der Energiewende

4

Der (deutsche) Energiesektor befindet sich derzeit in einem Transformationsprozess. Die Herausforderungen erweisen sich als vielfältig und enorm – eine Dezentralisierung und Digitalisierung des Energiesektors sind zwingend erforderlich.

Die Ordnungsmäßigkeit des Energienetzwerks und, insbesondere, der Erhalt der Versorgungssicherheit erfordern einen sicheren Daten- und Informationsaustausch zwischen den verschiedenen Marktakteuren.[1] Die Energiebranche benötigt eine neue, in sich digitalisierte Strategie, um den Herausforderungen der Energiewende gerecht zu werden.[2]

An dieser Stelle kann die BCT mit ihren Vorteilen wie Transparenz und Automatisierung als „Schöpfer" eines dezentralen Netzwerks fungieren. Die BCT könnte das Potenzial besitzen, die zunehmende Komplexität energiewirtschaftlicher Prozesse zu reduzieren und, vor allem, einen ebenso sicheren wie transparenten Informations- und Datenaustausch herzustellen.[3]

Es stellt sich nun die Frage, inwieweit die BCT einen Beitrag zur Energiewende leisten könnte – und vor allem, in welchen Bereichen der Energiewirtschaft sie sich anwenden ließe. Auf diese Frage geht das folgende Kapitel anhand möglicher Anwendungsfelder systematisch ein.

---

[1]Vgl. Bundesnetzagentur für Elektrizität, Gas, Telekommunikation, Post und Eisenbahnen (2019): 24. [8]

[2]Vgl. Hessel (2017): 37. [25]

[3]Vgl. Bundesnetzagentur für Elektrizität, Gas, Telekommunikation, Post und Eisenbahnen (2019): 24. [8]

4.1   Anwendungsgebiet Elektromobilität

Im Rahmen der Energiewende gewinnt die Elektromobilität in Deutschland zunehmend an Bedeutung. Laut den von der Bundesregierung ausgegebenen Klimazielen für den Verkehrssektor sollen 2020 eine Million und 2030 sechs Millionen Elektroautos zugelassen sein. Jedoch existieren zwischen Planung und Umsetzung Disparitäten: 2019 wurden in Deutschland lediglich 83.175 Elektro-autos zugelassen.[4] Um den Übergang in die Elektromobilität voranzutreiben, ist eine flächendeckende Ladestation-Infrastruktur zwingend erforderlich.[5]

4.1.1   Transaktions- und Abrechnungsprozess an Ladestationen

Das komplizierte Abrechnungsverfahren an Ladestationen stellt ein zentrales Problem dar. Besitzer von Elektroautos müssen sich in unterschiedlichen Tarif-strukturen und Anbieterportalen zurechtfinden. Hinzu kommt, dass mittler-weile jeder Anbieter seine eigene App besitzt.[6] Eine weitere Problematik stellen gesonderte Abrechnungsverfahren dar: für die Ladung pro Stunde, pro kWh oder pauschal.[7]

Im Hinblick auf Unübersichtlichkeit und Komplexität der Abrechnung an Ladestationen könnte die BCT durch Transparenz und Automatisierung einen Mehrwert schaffen. Und darüber hinaus einen Beitrag dazu leisten, die Attraktivi-tät von Elektromobilität zu steigern.

Auf Basis dieser Überlegungen führte die *MotionWerk GmbH* in Kooperation mit den beiden Technologie Start-ups *Slock.it* und *Xtech* von 2017 bis 2018 das blockchain-basierte Projekt *Share&Charge* durch. Ziel des Projekts war es, mit-hilfe einer App das Laden und Abrechnen von Elektroautos einfach und sicher zu gestalten.[8]

---

[4]Vgl. Trurnit (2019). [48]
[5]Vgl. Müller (2019). [35]
[6]Vgl. Lichtblick (2019): 5. [30]
[7]Vgl. ebd., 6.
[8]Vgl. Bundesnetzagentur für Elektrizität, Gas, Telekommunikation, Post und Eisenbahnen (2019): 25. [8]

4.1.2 Konzept für einen blockchain-basierten Abrechnungsprozess

In diesem Kapitel soll auf Grundlage der bisherigen Erkenntnisse über die BCT und das Pilotprojekt *Share&Charge* ein blockchain-basiertes Konzept für den Abrechnungsvorgang an Ladestationen erarbeitet werden. Im Fokus stehen dabei vor allem der Ablauf in der Blockchain sowie die Ausgestaltung der Blockchain-Implementierung.

Annahmen

Zuerst wird angenommen, dass private Ladesäulenbesitzer, wie bei *Share&Charge,* bereit sind, ihren Strom für das Laden von Elektrofahrzeugen zur Verfügung zu stellen. Dabei ist die Ladesäule wie beim Pilotprojekt mit einem Stromzähler, einem Schaltschutz und einem Hardware-Modul versehen. Weiterhin sei angenommen, dass der Ladesäulenbesitzer den Strom für die Ladesäule aus seiner eigenen FVA gewinnen würde. Dieser Strom soll in einem Heimspeicher zwischengelagert und (auch) für das Laden von Elektroautos genutzt werden.

Diese Dienstleistung, so die Annahme, wird über eine Online-Handelsplattform angeboten und nachgefragt. Als Plattform dient die öffentliche Ethereum-Blockchain. Diese bietet sich als dezentrale Open-Source-Plattform an. Die Kryptowährung Ether soll zur Ausführung von Transaktionen und zur Nutzung von Smart Contracts dienen.

Weiterhin sei angenommen, dass sich beide Gruppen auf der Ethereum-Plattform mit ihren persönlichen Daten registrieren würden; darüber hinaus machen sie Angaben zu Standort der Ladesäule und Steckertyp (Ladesäulenbesitzer) bzw. Typ und Kennzeichen des Autos (Elektroautobesitzer). Jedes registrierte Mitglied erhält eine Wallet, um Transaktionen durchführen zu können. Da für das vorliegende Modell die Kryptowährung Ether angenommen wird, müssten die Nutzer vorher Ether kaufen. Weiterhin würde jeder Teilnehmer einen privaten und öffentlichen Schlüssel erhalten. Dabei wäre der öffentliche Schlüssel von allen Teilnehmern des Netzwerks einsehbar und zur Nutzung von Transaktionen erforderlich.

Zusätzlich ist für die Blockchain-Lösung eine digitale Infrastruktur notwendig, die mithilfe von intelligenten Messsystemen erreicht werden soll.[9] Dabei sei angenommen, dass der intelligente Messzähler (Smart Meter) an der Ladesäule den tatsächlichen Stromverbrauch misst, während ein Smart Meter Gateway als Instanz

---

[9]Vgl. Deutsche Energie-Agentur (2020): 1. [13]

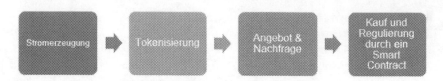

Abb. 4.1 Transaktionsablauf an Ladesäulen. (Quelle: Eigene Darstellung)

für die Einbeziehung in ein Kommunikationsnetz fungiert. Der Smart Meter und der Smart Meter Gateway bilden in Kooperation schließlich das intelligente Messsystem iMSys. Das iMSys, so die Annahme, ist mit der Blockchain vereinbar und für die Aufnahme und Verarbeitung von Datenflüssen maßgeblich.[10]

Konzeptbeschreibung

Die Dienstleistung rund um eine Ladesäule umfasst demnach verschiedene Schritte, die in Abb. 4.1 näher erörtert werden:

Die *Stromerzeugung (1)* ist die Voraussetzung für die Bereitstellung an einer Ladesäule. Hierfür könnte der Ladesäulenbesitzer eine FVA nutzen. Überschüssiger Strom ließe sich in einem Batteriespeicher zwischenspeichern und zum Laden der Autobatterie nutzen. Ein Smart Meter würde den erzeugten Strom messen und an das Smart Meter Gateway übermitteln. Um die Daten auf der Blockchain-Plattform zu dokumentieren, übermittelt der Smart Meter jede Einheit der erzeugten Strommenge (1 kWh). Auf diese Weise wäre jede erzeugte kWh eindeutig identifizierbar und einem Herkunftsnachweis unterzogen.

Im Prozess *Tokenisierung (2)* wird der Strom in Token bzw. in die Kryptowährung Ether umgewandelt, damit er auf der Ethereum-Blockchain veräußert werden kann. Bei dieser Umwandlung spricht man von Tokenisierung.[11]

In der BCT repräsentiert die Tokenisierung den Prozess der elektronischen Stückelung von Vermögenswerten. Bislang illiquide Vermögenswerte wie Häuser oder Anleihen können in elektronischer Weise gestückelt und somit verschiedene Besitzverhältnisse realisiert werden. Ein Smart Contract kann dabei verschiedene Aufgaben absolvieren: zum Beispiel einen Vermögenswert in Token umwandeln und ein Register darüber führen, welche Teilnehmer wie viele dieser Token

---

[10]Vgl. Mika/Goudz (2020): 89. [34]
[11]Vgl. Mika/Goudz (2020): 92. [34]

Abb. 4.2 Mögliche Blockgestaltung und Smart-Contract-Abfrage. (Quelle: Eigene Darstellung)

besitzen, oder die Rechte der Token-Besitzer definieren und den Handel zwischen den Teilnehmern des Blockchain-Systems regulieren.[12]

Im folgenden Modell könnte die Strommenge, also jede kWh, tokenisiert und damit eindeutig identifiziert werden. Der Einfachheit halber soll angenommen werden, dass eine kWh einem Token entspricht. Für die Ethereum-Blockchain bedeutet das: 1 kWH = 1 Ether.[13]

Beim Schritt *Angebot und Nachfrage (3)* kommen Ladesäulen- und Elektroautobesitzer mittels BCT in Kontakt. Möchte ein Ladesäulenbesitzer Strom über seine Ladesäule veräußern, würde er auf der Handelsplattform ein *Angebot* erstellen, auf Basis seines erzeugten Stroms bzw. auf Basis seiner Ether. In diesem Punkt könnte ein Smart Contract beisteuern und prüfen, ob die angebotene Strommenge tatsächlich in Form von Ether in der Wallet des Ladesäulenbesitzers existiert. Sobald dies bestätigt wurde, würde das Angebot in die Blockchain aufgenommen. Dabei würden Echtzeitdaten in die Blockchain geschrieben, etwa Zeitpunkt der Angebotserstellung, angebotene Strommenge, Strompreis, Standort der Ladesäule und Steckertyp (Abb. 4.2).[14]

---

[12]Vgl. Bundi (2019). [11]
[13]Vgl. Mika/Goudz (2020): 92. [34]
[14]Vgl. ebd., 93.

Ein Elektroautobesitzer hingegen würde eine *Nachfrage* erstellen und könnte seine Einkaufsbedingungen festlegen, beispielsweise Ort der Ladesäule, Steckertyp, Einkaufspreis sowie Strommenge (Abb. 4.2). Nach Abgleich dieser Nachfrage mit den Angeboten in der Blockchain erhielte der Elektroautobesitzer ein passendes Angebot. Ein Smart Contract überprüfte, ob der Elektroautobesitzer genügend Ether in seiner Wallet besitzt, um den Strom zu kaufen, und ob die angebotene Strommenge nicht bereits verkauft worden ist (Doppelverkauf).[15] Nach Überprüfung und Bestätigung des Smart Contracts erfolgt der Transfer des Handels in die Blockchain.

Der Elektroautobesitzer könnte anschließend anhand des passenden Angebots die Ladesäule ausfindig machen und anfahren. Ein Smart Contract regulierte den Kauf und das Laden des Fahrzeugs. Der Ablauf soll in Abb. 4.3 schematisch aufgezeigt werden.

Damit ein Nutzer eindeutig identifiziert werden kann, ließe sich im folgenden Konzept ein intelligentes Schloss (Smart Lock) zur Authentifizierung nutzen. Ein solches Schloss, das sogenannte *Slock.it,* wurde nach Einführung der Ethereum-Blockchain von einem Start-up als eine neue Technologie etabliert.[16] Es nutzt die Blockchain für die Vermietung von Eigentum. Ein intelligentes Schloss bietet die Möglichkeit, zeitweise nicht genutztes Eigentum (Immobilien etc.) temporär zur Vermietung freizugeben. Es kommuniziert dabei mit der Blockchain, und der Besitzer des Schlosses kann mithilfe von Smart Contracts einen Mietvertrag aufsetzen. Die Mieter lassen sich mit IoT-Sensorik eindeutig identifizieren.[17]

Bezogen auf das Anwendungsbeispiel würde der Prosumer seine Ladesäule (oder seine Garage inklusive Ladesäule) mit einem intelligenten Schloss absichern. Ein mit dem Schloss kompatibler Smart Contract setzte den Transaktionsprozess an der Ladesäule um (Abb. 4.3).

Nach Angebotserstellung des Prosumers *(Schritt 1)* würde der Nutzer den vereinbarten Preis mittels Token an den Smart Contract überweisen *(Schritt 2)*. Nach erfolgter Verifikation durch die Blockchain *(Schritt 3)* erteilt der Smart Contract ein Signal zum Öffnen *(Schritt 4)*. Der Elektroautobesitzer könnte anschließend die Ladesäule nutzen und sein Fahrzeug aufladen.[18] Während des Nutzvorgangs werden die eingezahlten Token verbraucht. Dabei überprüft die Blockchain den

---

[15]Vgl. Mika/Goudz (2020): 92, 93. [34]
[16]Vgl. Fertig/Schütz (2019): 63. [18]
[17]Vgl. ebd.
[18]Vgl. Fertig/Schütz (2019): 64. [18]

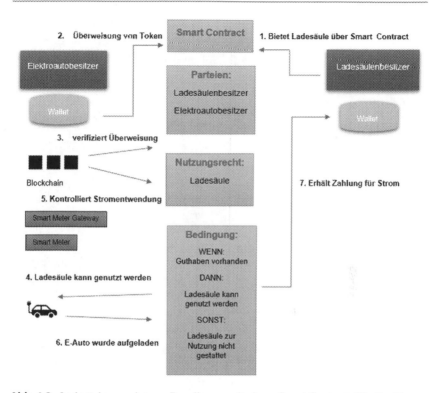

Abb. 4.3 Ladesäulenvermietung, Regulierung mit einem Smart Contract. (Quelle: Eigene Darstellung i. A. a. Fertig/Schütz 2019: 64. [18])

aktuellen Stand der Token sowie, mithilfe der Smart Meter und des Smart Meter Gateways, die entnommene Menge an Strom *(Schritt 5)*. Nachdem das Auto vollständig aufgeladen und/oder das Token-Guthaben genutzt worden ist, gäbe es ein automatisch generiertes Signal zum Versperren des Schlosses *(Schritt 6)*. Nach Abschluss der Transaktion kann sich der Besitzer der Ladesäule die Einnahmen auszahlen lassen *(Schritt 7)*. Der aufgestellte Smart Contract könnte zusätzlich dazu dienen, dass ein vorzeitiger Abbruch des Ladevorgangs dazu führt, die nicht genutzten Token an den Nutzer zurückzuzahlen.[19]

---

[19]Vgl. ebd.

Abschließend würde die ausgeführte Transaktion in einem Block der Ethereum-Blockchain dezentralisiert abgespeichert. Der Zahlungs- und Abrechnungsvorgang wäre sowohl für den Elektroautobesitzer als auch für den Ladesäulenbesitzer in der Blockchain transparent und lückenlos einsehbar.

Ausgestaltung und Analyse

Im Folgenden soll die technologische Ausgestaltung der Blockchain-Implementierung diskutiert werden. Dabei stehen folgende Merkmale im Fokus:

1. **Art der Blockchain**
2. **Konsensmechanismus**
3. **Schreib- und Leserechte**

Was die *1) Art der Blockchain* betrifft, so nutzt das aufgezeigte Modell die öffentliche Ethereum-Blockchain für die Abwicklung des Ladeprozesses. Als Transaktionsplattform besitzt sie die Möglichkeit, Prozesse wie das Laden und Abrechnen an Ladestationen zu automatisieren. Dabei werden alle Transaktionen dezentral und schnell zwischen den beteiligten Knoten gespeichert. Die Dezentralität bietet eine hohe Sicherheit und Intermediäre sind nicht erforderlich.[20] Weiterhin ermöglicht diese öffentliche Blockchain die Nutzung von Smart Contracts. Diese führen aufgrund ihres eindeutigen Programm-Codes zu sicheren Transaktionen.[21] Zusätzlich erfolgen Smart Contracts vollautomatisiert und kostengünstig.[22]

Allerdings zeigt die Ethereum-Blockchain auch Grenzen auf. Wie sich beim Pilotprojekt *Share&Charge* herausstellte, erwies diese sich als sehr teuer und langsam. Grund dafür ist der zugrunde liegende PoW.[23] Eine öffentliche Blockchain bietet mit diesem Konsensmechanismus eine hohe Sicherheit bei der Durchführung von Transaktionen.[24] Allerdings ist dieser rechen- und energieintensiv, was sich als signifikante Schwäche herausstellt.

---

[20]Vgl. Edelmann et al. (2018): 15, 16. [15]

[21]Vgl. Risiko Manager (2019). [41]

[22]Vgl. Edelmann et al. (2018): 16. [15]

[23]Vgl. Kloth (2018). [29]

[24]Vgl. Bundesnetzagentur für Elektrizität, Gas, Telekommunikation, Post und Eisenbahnen (2019): 19. [8]

Derzeit wird eine Lösung auf Basis des PoA erarbeitet, die schneller und effizienter arbeitet. Im Gegensatz zum PoW, bei dem Miner die Blöcke zeit- und energieintensiv generieren, entstehen beim PoA neue Blöcke durch autorisierte Instanzen.[25]

Weiterhin zeichnet sich die Energiewirtschaft als kritische und komplexe Infrastruktur aus, sodass öffentliche Blockchain-Implementierungen nicht vorteilhaft erscheinen.[26]

Aufgrund dessen könnte eine konsortiale Blockchain in Betracht gezogen werden. Diese böte die Möglichkeit, den PoA für die Neubildung von Blöcken zu nutzen.

Im Hinblick auf den *2) Konsensmechanismus* bietet, wie bereits erläutert, der PoW eine hohe Sicherheit bei der Durchführung von Transaktionen, zugleich steht dieser für eine rechenintensive Variante. Im Gegensatz dazu ist der PoA die ressourcenschonendere und schnellere Alternative. Zusätzlich ergibt sich der Vorteil, dass lediglich bestimmte Teilnehmer *(authority)* neue Blöcke generieren können – dieser Vorgang gelänge durch die Vertrauenswürdigkeit schneller.[27] Des Weiteren erfordert der PoA im Gegensatz zum PoS keine hohen Token-Bestände der Nutzer.[28] Schlussfolgernd könnte für das entwickelte Modell der PoA verwendet werden.

Die Verteilung der *3) Schreib- und Leserechte* ist ein weiterer essenzieller Punkt für die technologische Ausgestaltung der Blockchain-Implementierung. Sowohl die Elektroauto- als auch die Ladesäulenbesitzer würden die *Teilnehmer* der Blockchain-Implementierung abbilden und im aufgezeigten Modell die Handelsplattform ausschließlich für den Kauf und Verkauf von Strom nutzen. Aufgrund dessen wären Leserechte für die Teilnehmer ausreichend, um Transaktionen und Abrechnungsprozesse in der Blockchain einsehen zu können. Die autorisierten Instanzen verfügten über Schreib- und Leserechte, um neue Teilnehmer ins Blockchain-Netzwerk aufnehmen und Transaktionen bestätigen zu können. Die technologische Ausgestaltung zeigt Tab. 4.1.

Im Hinblick auf die Leitfrage lässt sich festhalten, dass eine Blockchain-Implementierung die Energiewende vorantreiben könnte, indem sie der Elektromobilität zugutekommt. Diverse Vorteile – das plattformbasierte, niederschwellige Anbieten und Nachfragen, die automatisierte Ausführung von Ladeprozessen und

---

[25]Vgl. Kloth (2018). [29]

[26]Vgl. Deutsche Energie-Agentur (2020): 1. [13]

[27]Vgl. Bundesverband der Energie- und Wasserwirtschaft (2017): 19. [9]

[28]Vgl. Mika/Goudz (2020): 96. [34]

Tab. 4.1 Ausgestaltung der Blockchain-Implementierung an Ladesäulen. (Quelle: Eigene Darstellung)

Kriterium	Ausgestaltung und Erläuterung
Blockchain-Art	Konsortiale (Öffentliche) Blockchain
Konsensmechanismus	Proof-of-Authority
Teilnehmer	Ladesäulenbesitzer Elektroautobesitzer
Wallet	Durchführung von Zahlungen mit Kryptowährung
Schreib- und Leserechte	Teilnehmer: Leserechte Authority: Schreib- und Leserechte
Smart Contracts	WENN-DANN-Beziehung für vollautomatisierte und manipulationssichere Transaktionen Definition von Vertragsbedingungen Zahl- und Abrechnungsprozesse
Smart Meter	Messung der Strommenge
Smart Meter Gateway	Einbeziehung in das Kommunikationsnetz
iMSys	Intelligentes Messsystem Kompatibel mit der Blockchain Daten- und Informationsübertragung in die Blockchain
Tokenisierung	Strommenge 1 kWh = 1 Token (1 kWh = 1 Ether)
Smart Lock	Authentifizierung und Identifikation der Transaktionsteilnehmer

die sofortige Abrechnung[29] – könnten Nutzung und Infrastruktur von Ladesäulen verbessern und auf diese Weise die Attraktivität von Elektromobilität erhöhen. Die Blockchain würde hierbei als verbindliche, manipulationssichere und transparente Transaktionsplattform fungieren.[30]

Auch das Problem der unübersichtlichen Tarife und der Bindung an unterschiedliche Bezahlsysteme ließe sich mithilfe einer Blockchain-Implementierung lösen. Die zentrale Plattform könnte die verschiedenen Anbieter miteinander in

---

[29]Vgl. Bundesverband der Energie- und Wasserwirtschaft (2017): 34. [9]
[30]Vgl. Amthor et al. (2019): 18. [2]

einem Bezahlsystem vernetzen.[31] Im entwickelten Modell bezögen die Anbieter den Strom aus Fotovoltaikanlagen; somit würde zusätzlich die Nutzung erneuerbarer Energiequellen gesteigert.[32]

Neben ihren Vorteilen sieht sich die BCT mit diversen Herausforderungen konfrontiert. Gesetzliche und rechtliche Rahmenbedingungen stellen Grenzen für die BCT dar. Denn gemäß Energiewirtschaftsgesetz (EnWG) § 3 Nr. 18 übernähme der energieliefernde Haushalt die Rolle eines Energieversorgungsunternehmens. Somit müsste dieser seine Leistung und Tätigkeit bei der Regulierungsbehörde anzeigen und die personelle, technische und wirtschaftliche Leistungsfähigkeit nachweisen.[33] Zusätzlich müssen, gemäß § 41 EnWG, in Verträgen über die Belieferung von Energie zusätzliche Vereinbarungen wie Vertragsdauer, Kündigungsfristen, Rücktrittsrechte und Möglichkeiten der Preisanpassung vorhanden sein. Die Smart Contracts müssten dahin gehend angepasst werden und weitere Bestimmungen enthalten. Orientierung bieten dabei die Regelungen in § 41 EnWG.[34]

Des Weiteren ergeben sich durch die Bereitstellung privater Ladesäulen finanzielle Vorteile für den Ladesäulenbesitzer. Im Zuge dessen ergeben sich auch steuerrechtliche Fragen.[35] Denn gemäß § 5 des Stromsteuergesetzes sind Steuerzahlungen zu entrichten. Diese müssen im Peer-to-Peer-Handel von einer Partei beglichen werden.[36] Mit der Bereitstellung einer privaten Ladesäule fallen im Einzelfall gewerbliche Einkünfte nach dem Einkommensteuergesetz an.[37]

Insgesamt lässt sich sagen, dass eine Blockchain-Implementierung in der Elektromobilität diverse Vorteile bietet, die dieser Mobilitätsform ebenso zugutekommen könnten wie der Energiewende. Allerdings zeigen regulatorische und rechtliche Fragen Grenzen auf, die bei einer Blockchain-Implementierung zu hinterfragen und beachten sind.

---

[31]Vgl. Niggehoff (2018): 2. [36]

[32]Vgl. Heise (2019). [24]

[33]Vgl. Bundesnetzagentur für Elektrizität, Gas, Telekommunikation, Post und Eisenbahnen (2019): 27. [8]

[34]Vgl. ebd., 28.

[35]Vgl. Share&Charge (2017). [46]

[36]Vgl. Bundesnetzagentur für Elektrizität, Gas, Telekommunikation, Post und Eisenbahnen (2019): 28. [8]

[37]Vgl. Share&Charge (2017). [46]

4.2   Anwendungsgebiet Emissionshandel

Die BCT bietet mit ihren Vorteilen wie Manipulationssicherheit und Transparenz die notwendigen Kriterien für die Zertifizierung von Energieprodukten. Dabei könnten Emissionsprodukte, wie beispielsweise CO_2-Zertifikate, durch die dezentrale Absicherung der BCT vor Manipulation und Duplizierung geschützt werden.[38] Zunächst soll daher der Begriff *CO_2-Zertifikat* erläutert werden.

4.2.1 CO_2-Zertifikate

Im Zuge des Klimawandels und der schädlichen Emissionen von Treibhausgasen ist im Jahr 2005 das Kyoto-Protokoll in Kraft getreten. Dieses Protokoll ist der erste völkerrechtliche Vertrag, der internationale Ziele zur Reduzierung klimaschädlicher Gase aufstellt.[39] In der Folge wurde der *Emissionshandel* eingeführt. Das Kyoto-Protokoll bestimmt eine Grenze für den weltweiten Ausstoß von CO_2: Auf dieser Basis müssen Unternehmen dazu berechtigt sein, CO_2 in die Atmosphäre auszustoßen. Diese Berechtigung erhalten sie durch den Besitz eines CO_2-Zertifikats.

Dieses Zertifikat berechtigt dazu, in einer bestimmten Periode eine Tonne Kohlendioxid auszustoßen. Man spricht dabei auch von Emissionsrechten.[40] *Emissionshandel* bedeutet somit Handel mit Rechten zum Ausstoß von Treibhausgasen.[41] Nach Ablauf der Periode ist ein Unternehmen dazu verpflichtet nachzuweisen, dass eigene Treibhausgas-Emissionen durch die Zertifikate gesichert sind. Ein Unternehmen, das weniger Kohlendioxid ausstößt als berechtigt, kann seine Zertifikate an den Staat oder Unternehmen verkaufen, die ihren Kohlendioxid-Ausstoß ökonomisch bedingt nicht reduzieren können.[42]

Nationale Zuteilungspläne und Zuteilungsgesetze legen die Verteilung und die Anzahl von CO_2-Zertifikaten in Deutschland fest.[43] Der Handel von Zertifikaten erfolgt in Deutschland hauptsächlich über die Leipziger Energiebörse EEX *(European Energy Exchange)*. Unter Aufsicht der Deutschen Emissionshandelsstelle (DEHSt) können CO_2-Zertifikate an der Börse zwischen Unternehmen gehandelt werden.[44]

---

[38]Vgl. Bundesverband der Energie- und Wasserwirtschaft (2017): 35. [9]
[39]Vgl. Umweltbundesamt (2018). [52]
[40]Vgl. Hagenau (2019). [22]
[41]Vgl. BMU (2013). [4]
[42]Vgl. Hagenau (2019). [22]
[43]Vgl. BMU (2013). [4]
[44]Vgl. Finkenbrink (2018). [20]

4.2.2 Emissionshandel mithilfe der Blockchain-Technologie

Der Handel (und die Gewährleistung der Authentizität) von CO_2-Zertifikaten könnten mithilfe einer Blockchain-Implementierung sicher, transparent und ohne eine zentrale Instanz bewerkstelligt werden.[45] Mithilfe der BCT ließe sich ein dezentraler, weltweiter Emissionshandel realisieren. Vor allem für Entwicklungsländer könnte sich ein ökonomischer Vorteil ergeben. Da diese meist über CO_2-Senken wie Wälder verfügen,[46] könnten diese vom Zertifikatehandel profitieren und zusätzliche Einnahmequellen generieren. Im Zuge dessen ließe sich eine Balance zwischen globalen Emissionshandelssystemen herstellen. Die BCT könnte im Rahmen der Energiewende den Emissionshandel unterstützen und die globale Verringerung von CO_2-Emissionen ankurbeln.[47]

4.2.3 Konzept für einen blockchain-basierten Emissionshandel

Auf Basis der technologischen Eigenschaften und bisherigen Erkenntnisse der BCT soll im folgenden Abschnitt ein blockchain-basiertes Modell für die Authentifizierung und den Handel von CO_2-Zertifikaten entwickelt werden.

Annahmen
Zunächst wird davon ausgegangen, dass der Handel von Emissionsrechten auf einer Online-Handelsplattform stattfindet.[48] Als Betreiber dieser Handelsplattform könnten die weltweiten Regierungen bzw. die länderspezifischen Emissionshandelsstellen fungieren. Diese würden Industrieunternehmen und Kraftwerke ins Blockchain-Netzwerk aufnehmen. Informationen zum Unternehmen wie Name, Standort, Unternehmensform und zugelassene Emissionsrechte ließen sich im Blockchain-Netzwerk hinterlegen. Jedes Unternehmen verfügte über einen privaten und öffentlichen Schlüssel und wäre zu Transaktionen berechtigt. Smart Contracts dokumentierten den sicheren Ablauf von Transaktionen und stellten

---

[45]Vgl. Bundesverband der Energie- und Wasserwirtschaft (2017): 35. [9]
[46]Vgl. Hübner (2017). [26]
[47]Vgl. ebd.
[48]Vgl. Mika/Goudz (2020): 88. [34]

sicher, dass nur berechtigte und authentifizierte Unternehmen untereinander handeln könnten. Dabei wäre denkbar, dass Unternehmen, die ihre Emissionsrechte verkaufen, eigene Verkaufsbedingungen (Preis, zu veräußernder Anteil etc.) festlegen. Käufer hingegen würden im Smart Contract ihren maximalen Kaufpreis und die gewünschte Menge an Emissionsrechten angeben. Dabei wäre eine *Tokenisierung* der Emissionsrechte denkbar.

Konzeptbeschreibung

Der blockchain-basierte Handelsprozess könnte in sieben Schritten erfolgen (Abb. 4.6).

Zunächst erfolgt die Zertifizierung durch den Staat oder die Emissionshandelsstellen *(Schritt 1)*. Dabei würden die Emissionsrechte dezentral in der Blockchain abgespeichert. Anschließend verteilten die Emissionshandelsstellen die Emissionsrechte an Unternehmen *(Schritt 2)*. Ein Smart Contract speichert den Besitz von Emissionsrechten in der Blockchain dezentral ab *(Schritt 3)*. Dieser Schritt zur Authentifizierung ist notwendig, damit alle Unternehmen eindeutig identifizierbar sind. Informationen zu einzelnen Unternehmen, etwa Unternehmensbezeichnung, Unternehmensform (z. B. Kraftwerk), Standort u. ä. würden in der Blockchain hinterlegt. Jedes verifizierte Unternehmen erhielte einen privaten und öffentlichen Schlüssel zur Durchführung von Transaktionen.

Damit sich Emissionsrechte in der Blockchain abbilden lassen, müsste eine *Tokenisierung* stattfinden. Ein CO_2-Zertifikat berechtigt, wie oben erläutert, ein Unternehmen dazu, 1 t CO_2 in die Atmosphäre ausstoßen zu dürfen.

Dementsprechend könnte ein CO_2-Zertifikat einem Token entsprechen. Ein Unternehmen mit einem Ausstoß von 200 kg CO_2 könnte die entsprechende Berechtigung durch 0,2 Token kaufen. Um den Handel mit Token tätigen zu können, benötigen die Unternehmen eine Wallet. Die benötigten Token könnten durch Fiatgeld eingetauscht und zum Handeln genutzt werden.[49] Mittels Smart Contracts ließen sich die CO_2-Zertifikate in Token umwandeln sowie ein Register über die Unternehmen und ihre verfügbaren Emissionsrechte führen. Bei einem Handel von Emissionsrechten würde der Smart Contract dokumentieren und dezentral absichern.

Im weiteren Verlauf böte ein Unternehmen überschüssige Emissionsrechte auf der Handelsplattform an *(Schritt 4)*. Es erstellt ein Angebot auf Basis seiner Token.[50] Ein Smart Contract untersucht dabei, ob die angebotene Menge an

---

[49]Vgl. Mika/Goudz (2020): 93. [34]
[50]Vgl. ebd.

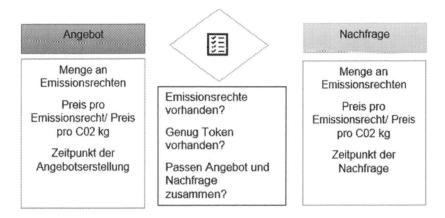

Abb. 4.4 Smart-Contract-Gestaltung. (Quelle: Eigene Darstellung)

Emissionsrechten auch in Form von Token in der Wallet des Unternehmens vorhanden ist. Sobald dies der Fall wäre, würde das Angebot als valide gelten und in den Block transferiert. Es enthielte Informationen, wie den Preis für ein CO_2-Zertifikat und den Zeitpunkt der Angebotserstellung.

Im weiteren Verlauf kann der Handel von Emissionsrechten erfolgen. Dafür müssten die Unternehmen, die Emissionsrechte kaufen möchten, Fiatgeld in Token umwandeln. Für diese Umwandlung kann der Betreiber der Handelsplattform eine Transaktionsgebühr erhalten.[51]

In diesem Fall wären es die Regierungen bzw. Emissionshandelsstellen. Daraufhin legt das Unternehmen, das einen Bedarf an Emissionsrechten hat, die Kaufbedingungen fest. Darunter fallen unter anderem der Kaufpreis und der Umfang der Emissionsrechte. Diese Nachfrage wird an die Handelsplattform übergeben und nach einem passenden Angebot gesucht. Anschließend überprüft ein Smart Contract die Transaktion (Abb. 4.4). Zum einen, ob das kaufwillige Unternehmen genug Token zum Erwerb besitzt. Zum anderen, ob die angebotenen Emissionsrechte nicht bereits verkauft worden sind (Doppelverkauf). Sobald beide Überprüfungen erfolgt sind, kann der Handel in der Blockchain gespeichert werden.[52]

---

[51]Vgl. Mika/Goudz (2020): 93. [34]
[52]Vgl. ebd., 94.

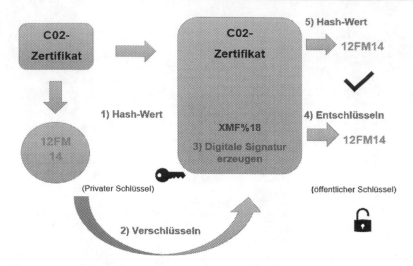

Abb. 4.5 Authentifizierung mithilfe asymmetrischer Kryptografie. (Quelle: Eigene Darstellung i. A. a. Pöttinger 2018. [38])

Bevor es zum Kauf der Emissionsrechte kommt, könnte die Public-Key-Kryptografie zur Authentifizierung der Übertragung genutzt werden. Wie bereits erläutert, besitzt jedes Unternehmen einen privaten und einen öffentlichen Schlüssel. Damit sich ein Unternehmen sicher sein kann, dass das CO_2-Zertifikat von einem verifizierten Unternehmen aus dem Blockchain-Netzwerk stammt, kann die asymmetrische Kryptografie hinzugezogen werden *(Schritt 5)*.

Die Authentifizierung soll mithilfe der digitalen Signatur illustriert werden (Abb. 4.5) Damit Unternehmen A beweisen kann, dass ein CO_2-Zertifikat von ihm stammt, nutzt das Unternehmen seinen privaten und öffentlichen Schlüssel. Dafür erzeugt Unternehmen A auf Basis der BCT einen Hash-Wert des CO_2-Zertifikats **(12FM14)**. Im zweiten Schritt wird der erzeugte Hash-Wert mit dem privaten Schlüssel von Unternehmen A verschlüsselt. Dieser verschlüsselte Hash-Wert kann anschließend wie eine digitale Signatur gesehen werden **(XMF18%)**.[53] Unternehmen B, das dieses Zertifikat erwerben möchte, erhält das Zertifikat und die digitale Signatur von Unternehmen A (Abb. 4.5, Angebot). Anschließend verifiziert Unternehmen B die digitale Signatur, indem

---

[53]Vgl. Pöttinger (2018). [38]

es den öffentlichen Schlüssel von Unternehmen A, der für alle Teilnehmer der Blockchain einsehbar ist, nutzt und entschlüsselt. Es entsteht ein Hash-Wert **(12FM14)**. Anschließend lässt Unternehmen B einen Hash-Wert für das CO_2-Zertifikat generieren, das es von Unternehmen A erhalten hat. Vergleicht man diesen Hash-Wert mit dem Hash-Wert aus der digitalen Signatur, lässt sich feststellen, ob das CO_2-Zertifikat tatsächlich vom Absender stammt. Sofern beide Hash-Werte übereinstimmen, kann Unternehmen B sicher davon ausgehen, dass das CO_2-Zertifikat vom Absender stammt und nicht verändert wurde.[54]

Nach der Authentifizierung kann schließlich der Kauf von Emissionsrechten erfolgen *(Schritt 6)*. Dabei werden die Anzahl der Emissionsrechte und der Zeitpunkt des Kaufs in die Blockchain geschrieben. Anschließend erfolgt die Übertragung der Emissionsrechte. In der Blockchain werden dabei die Emissionsrechte und Eigentumsrechte an das Käuferunternehmen übertragen und dezentral in der Blockchain gespeichert *(Schritt 7)*. Nach Übertragung der Emissionsrechte erhält das Unternehmen die vereinbarte Anzahl an Token. Ein Smart Contract sorgt für die lückenlose Dokumentation und Übertragung der Token in die Wallet von Unternehmen A (Abb. 4.6).

Ausgestaltung und Analyse
1. **Art der Blockchain**
2. **Konsensmechanismus**
3. **Schreib und Leserechte**

Die *1) Art der Blockchain* richtet sich nach den jeweiligen Anforderungen. Die BCT lässt sich in drei Arten klassifizieren. Eine öffentliche Blockchain bietet, wie bereits im vorherigen Modell erläutert, mit dem PoW eine hohe Sicherheit bei der Durchführung von Transaktionen. Allerdings ist der Prozess rechen- und energieintensiv.

Zum anderen stellt die fehlende *Skalierbarkeit* einer öffentlichen Blockchain ein zentrales Problem dar. Skalierbarkeit meint die Verbesserung eines Systems bei Zunahme der Ressourcen. So kann bei öffentlichen Blockchain-Systemen die Schnelligkeit der Transaktionen nicht optimiert werden, sodass sich beispielsweise bei Bitcoin max. sieben Transaktionen pro Sekunde realisieren lassen – unabhängig davon, wie viele Miner vorhanden sind oder Energie verbraucht wird.[55]

---

[54]Vgl. ebd.
[55]Vgl. Malanov (2017). [32]

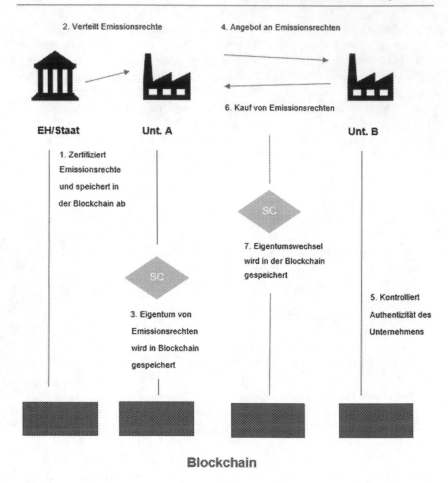

Abb. 4.6 Exemplarischer Ablauf eines blockchain-basierten Emissionshandels. (Quelle: Eigene Darstellung i. A. a. Fertig/Schütz 2019: 55. [18])

Ursache der limitierten Transaktionsgeschwindigkeit ist der rechen- und zeit-intensive PoW.[56] Die Limitierung stellt insbesondere im Energiesektor mit seiner großen Anzahl von Transaktionen ein Problem dar.[57]

---

[56]Vgl. Bundesverband der Energie- und Wasserwirtschaft (2017): 44. [9]

[57]Vgl. Bogensperger et al. (2018): 54. [3]

Allerdings ist hervorzuheben, dass private bzw. konsortiale Blockchain-Arten das Problem der Skalierung nicht kennen, da die Blockbildung durch vertraute Instanzen erfolgt und erheblich weniger Energieaufwand benötigt.[58] Während bei privaten Blockchains Knoten lediglich von einer juristischen Person verkörpert werden, können diese bei einer konsortialen Blockchain von einem Konsortium aus mehreren Organisationen realisiert werden.[59] In Bezug auf das entwickelte Modell könnten verschiedene Regierungen und Emissionshandelsstellen als *Nodes* (Knoten) fungieren. Aufgrund dessen empfiehlt sich beim Emissionshandel die Implementierung einer konsortialen Blockchain.

Die Wahl des *2) Konsensmechanismus* basiert auf denselben Überlegungen, die bereits im Zuge des ersten Modells angestellt wurden. Auch für den blockchainbasierten Handel von Emissionsrechten bietet sich ein PoA an, der ressourcenschonend und dezentral den Handel von Emissionsrechten realisieren könnte.

Die Ausgestaltung der *3) Schreib- und Leserechte* ist ein weiterer essenzieller Punkt. Da Regierungen für die Authentifizierung von Emittenten zuständig sind, könnten sie Schreib- und Leserechte erhalten. Im Gegensatz dazu fungieren die Unternehmen als Teilnehmer, die die Blockchain-Plattform lediglich für den Emissionshandel und Transaktionen nutzen. Sie erhalten Leserechte und Einblick in die Transaktionen, die sie mithilfe ihrer Wallet durchführen. Die wesentlichen Merkmale eines blockchain-basierten Handels von Emissionsrechten sind in Tab. 4.2 zusammengefasst.

Insgesamt lässt sich sagen, dass der Emissionshandel mithilfe einer Blockchain-Implementierung möglich wäre und die Börse als zentrale Instanz entfallen könnte. Dabei würden sich gewisse Vorteile ergeben.

Bei einem Emissionshandel mithilfe der BCT könnten Handel und Ausgabe von CO_2-Zertifikaten dezentral erfolgen. Mithilfe des Blockchain-Netzwerks ließen sich Anbieter von CO_2-Zertifikaten ausfindig machen und eine transparente, dezentrale Speicherung der Transaktionen realisieren. Dabei könnten Zertifikatsanbieter Waldflächen besitzen oder Unternehmen sein, die dank ressourcenschonender Anlagen über Emissionsüberschüsse verfügen. Mithilfe der BCT ließen sich ihre Emissionsrechte direkt an andere Emittenten mit Bedarf an Emissionsrechten verkaufen. Dabei könnten Smart Contracts die Transaktionen unterstützen und gemäß aufgesetzter Vorschriften realisieren.[60]

---

[58]Vgl. Bundesnetzagentur für Elektrizität, Gas, Telekommunikation, Post und Eisenbahnen (2019): 17. [8]

[59]Vgl. Mika/Goudz (2020): 95. [34]

[60]Vgl. Hübner (2017). [26]

Tab. 4.2 Ausgestaltung der Blockchain-Implementierung für den CO_2-Handel. (Quelle: Eigene Darstellung)

Kriterium	Ausgestaltung und Erläuterung
Blockchain-Art	Konsortiale Blockchain
Konsensmechanismus	Proof-of-Authority
Teilnehmer	Emissionshandelsstellen, Regierungen Unternehmen, Entwicklungsländer
Wallet	Durchführung von Zahlungen mit Kryptowährung
Schreib- und Leserechte	Teilnehmer: Leserechte Authority: Schreib- und Leserechte
Smart Contracts	Reguliert Zahlungen und Eigentum von Emissionsrechten Führt Register und Dokumentation über die Unternehmen mit ihren verfügbaren Emissionsrechten
Tokenisierung	CO_2 Zertifikat = 1 Token Bzw. 1 t CO_2 = 1 Token
Public-Key-Kryptografie	Digitale Signatur zur Authentifizierung und Identifikation der Transaktionsteilnehmer

Ein weiterer Vorteil beträfe die politische Ebene. Bislang werden globale Emissionshandelssysteme wie die *International Carbon Action Partnership* (ICAP) und das Programm *Reducing Emissions from Deforestation and Forest Degradation in Developing Countries* (UN-REDD) der Vereinten Nationen getrennt voneinander betrachtet. Mithilfe der BCT wäre eine Kopplung der weltweiten Emissionshandelssysteme denkbar.

Des Weiteren ließe sich die Energiewende global vorantreiben, und vor allem Entwicklungs- und Schwellenländer könnten profitieren. Regionen wie die afrikanischen Regenwälder ließen sich in den Emissionshandel einbinden und ihre Ressourcen für den Klimaschutz nutzen.[61]

Dadurch, dass alle Teilnehmer des Netzwerks Einblick in die Transaktionshistorie haben, präsentiert sich die vollständige Transparenz eines verteilten Netzwerks als zentraler Vorteil der BCT.[62] Die Datenbanken lassen sich transparent führen, und das Manipulieren von Informationen ist aufgrund der Unveränderlichkeit der Blockchain

---

[61]Vgl. Hübner (2017). [26]
[62]Vgl. Schlatt et al. (2016): 35. [43]

ausgeschlossen. Das schafft ein grundsätzliches Vertrauen zwischen den Akteuren im Blockchain-Netzwerk.[63]

Auf dieser Basis ermöglicht das Distributed-Ledger-System den Wegfall einer zentralen Instanz.[64] Somit ist eine direkte Interaktion *(disintermedation)* zwischen Akteuren möglich.[65] Ein weiterer Vorteil sind die vollautomatisierten Smart Contracts; sie ermöglichen die autonome Ausführung eines Vertrages in Echtzeit. Dadurch können geringe Transaktions- und Durchsetzungskosten realisiert werden.[66]

Allerdings darf nicht unberücksichtigt bleiben, dass die BCT trotz allem Grenzen und gewisse Nachteile aufweist. Hierzu zählen komplexe rechtliche Herausforderungen bei der Blockchain-Anwendung. Zum einen sind zivilrechtliche Fragen zu betrachten. Da ein Blockchain-Netzwerk unveränderlich ist, stellt sich die Frage, wie falsche oder fehlerhaft eingegebene Daten und Informationen gehandhabt werden. Das Zivilrecht verkörpert fundamentale Rechtsgrundsätze wie Nichtigkeit und Unwirksamkeit von Verträgen, denen die Blockchain-Technologie nicht gerecht wird. Zusätzlich wird die Frage aufgeworfen, wer bei einer Nichtleistung des Netzwerks haften muss, wenn keine höhere Instanz besteht.[67]

Ferner stellen datenschutzrechtliche Bedingungen Grenzen für die BCT auf. Die Datengrundschutzverordnung, die wesentliche Rechte regelt, spielt dabei eine zentrale Rolle. Darunter fällt beispielsweise die Löschung personenbezogener Daten. Weiterhin besagt die Datenschutzgrundverordnung, dass Datenverarbeitungen einem Verantwortlichen zugewiesen werden müssen. Diese und weitere rechtliche Fragen erweisen sich als Polaritäten und Disparitäten für die Grundprinzipien der BCT.[68]

Ein weiterer zentraler Punkt ist die Frage nach der *Sicherheit* einer Blockchain-Implementierung im Energiesektor. Es darf nicht außer Acht gelassen werden, dass die BCT noch am Anfang steht – ebenso wie die Möglichkeiten, diese anzugreifen. Vor allem im Hinblick auf die stetig steigenden Rechenleistungen muss das hohe

---

[63]Vgl. Risiko Manager (2019). [41]

[64]Vgl. Schlatt et al. (2016): 35. [43]

[65]Vgl. Bundesverband der Energie- und Wasserwirtschaft (2017): 27. [9]

[66]Vgl. Schlatt et al. (2016): 24. [43]

[67]Vgl. Bundesnetzagentur für Elektrizität, Gas, Telekommunikation, Post und Eisenbahnen (2019): 21. [8]

[68]Vgl. Bundesnetzagentur für Elektrizität, Gas, Telekommunikation, Post und Eisenbahnen (2019): 22. [8]

Sicherheitsniveau auch in Zukunft gewährleistet werden.[69] Werden beispielsweise die Daten eines Nutzers oder einer Transaktion in einer Public-Blockchain manipuliert, besteht keine Option, diese Daten zu regenerieren. Auch versehentliche Tippfehler, beispielsweise beim Namen des Empfängers, sind zentrale Probleme, die gelöst werden müssen.[70]

Insgesamt weist die BCT Potenziale in der Zertifizierung von Energieprodukten auf. Sie könnte deren Handel im Energiesektor optimieren und vor Manipulation schützen, denn die BCT bietet als dezentrales Netzwerksystem zahlreiche Vorteile. Andererseits sind technologische Grenzen sowie zentrale rechtliche Herausforderungen bei Blockchain-Implementierungen zu beachten.

4.3   Anwendungsgebiet Netzengpassmanagement

Im Zuge der Energiewende wird der Energiesektor mit umfangreichen Herausforderungen konfrontiert. Darunter fallen Engpässe im Stromversorgungsnetz. Sobald Strom aufgrund von Überlastungen im Netz vom Erzeugungsort nicht zum Verbraucher durchdringen kann, spricht man von Netzengpässen. Im Rahmen der Energiewende kommt es mittlerweile zur Stromversorgung über weite Strecken, die enorme Transportschwierigkeiten aufzeigt.[71] Um die Stromversorgung über weite Strecken realisieren zu können, bedarf es eines Netzengpassmanagements.

Das Netzengpassmanagement sorgt dafür, dass Überlastungen im Netz und in den Leitungen vermieden werden und eine Balance zwischen Regionen mit Produktionsüberschuss und solchen mit hohem Strombedarf ermöglicht wird.[72] Überlastungen im Stromnetz können zu Stromausfällen führen. Aufgrund dessen sorgen in Deutschland die vier Übertragungsnetzbetreiber für eine Balance zwischen Energieeinspeisung und Energieentnahme. Um diese Balance zu gewährleisten, existieren zwei Maßnahmen.[73]

Eine Maßnahme ist das sogenannte *Redispatch*. Dazu werden Kraftwerke in einer Region mit Stromüberproduktion *vor* dem Netzengpass (Regionen mit Strombedarf) heruntergefahren und Kraftwerke *hinter* dem Netzengpass hochgefahren.

---

[69]Vgl. ebd., 19.

[70]Vgl. Bogensperger et al. (2018): 55. [3]

[71]Vgl. Bundesministerium für Wirtschaft und Energie (2018b). [6]

[72]Vgl. Agentur für Erneuerbare Energien (o. J.). [1]

[73]Vgl. Bundesministerium für Wirtschaft und Energie (2018b). [6]

Dabei stellen Kraftwerksbetreiber täglich bestimmte Kapazitäten zur Verfügung; bei unregelmäßigen Sonderfällen sind Netzbetreiber dazu gezwungen, Kraftwerkskapazitäten (sog. Netzreservekapazitäten) zu mieten. Für die Deckung des Energiebedarfs entstehen dabei hohe Kosten.

Die zweite Maßnahme zur Vermeidung von Netzengpässen ist die *Einspeisung von Strom*. Dabei können Netzbetreiber Erneuerbare-Energie-Anlagen kurzzeitig vom Netz nehmen, wenn der Strom aufgrund von Netzengpässen nicht zu den Verbrauchern abgeführt werden kann. Darunter fallen vor allem WKAs.

Allerdings sind beide Maßnahmen, langfristig gesehen, keine optimale Lösung des Problems. In Deutschland sollen neue „Stromautobahnen" von Nord nach Süd aufgebaut werden, um Netzengpässe zu umgehen. Der Ausbau leistungsfähiger Stromautobahnen erweist sich aber als sehr teuer.[74]

In diesem Punkt kann die BCT Anwendung finden und Möglichkeiten aufzeigen, Netzengpässe zu regulieren. Die BCT könnte das Potenzial besitzen, eine Vielzahl von Anlagen in das Netzengpassmanagement miteinzubeziehen. Die Vorteile der BCT, etwa die hohe Sicherheit und die geringen Transaktionskosten, würden diesem Vorhaben zugutekommen.

4.3.1 Pilotprojekt von TenneT TSO und sonnen

Um den Umfang des kostenintensiven Ausbaus von Stromautoautobahnen zu reduzieren, könnten Blockchain-Implementierungen kleinste Energiemengen, beispielsweise aus Heimspeichern, in das Netzwerk einspeisen.[75]

Diese Möglichkeit wurde in einem Pilotprojekt von der *TenneT TSO GmbH* und der *sonnen GmbH* zwischen 2017 und 2019 erprobt.[76] *TenneT* ist ein Übertragungsnetzbetreiber mit Hochspannungsleitungen in den Niederlanden und Deutschland, die 41 Mio. Haushalte mit Strom versorgen. Die *sonnen*-Gruppe stellt intelligente Stromspeicher und Technologien für dezentrale Energieversorgungssysteme her.[77]

Das Pilotprojekt sollte untersuchen, was dezentrale, vernetzte Kleinanlagen (Heimspeicher) zu netzbasierten Leistungen für die *TenneT* beitragen und

---

[74]Vgl. Bundesministerium für Wirtschaft und Energie (2018b). [6]

[75]Vgl. Bundesverband der Energie- und Wasserwirtschaft (2017): 38. [9]

[76]Vgl. Bundesnetzagentur für Elektrizität, Gas, Telekommunikation, Post und Eisenbahnen (2019): 30. [8]

[77]Vgl. TenneT (2019). [49]

inwieweit diese bei zunehmender dezentraler Energieversorgung im Netzengpassmanagement einen Mehrwert schaffen. Das Projekt nutzt Heimspeicher der *sonnen*-Kunden, die in der Lage waren, überschüssigen Strom aus dem Netz zu entnehmen oder benötigten Strom für das Netz zur Verfügung zu stellen.[78] Damit sollten Notmaßnahmen wie das Abregeln von WKAs minimiert und ein Redispatch geregelt werden. Insofern Netzengpässe vorkamen, konnte *TenneT* die Kapazitäten der Heimspeicher nutzen und entgegenwirken. Der Anbieter *sonnen* übermittelte dem Betreiber *TenneT* jedes Mal Informationen über die Kapazitäten der Heimspeicher, die für den Redispatch gerade zur Verfügung stehen würden. Sobald *TenneT* eines dieser automatisch erstellten Angebote annahm, wurden in Regionen mit hoher Stromproduktion und überschüssiger Energie (z. B. durch WKAs) die *sonnen*-Batterien aufgeladen. Zeitgleich entlud *sonnen* in anderen Regionen dieselbe Menge an Energie aus den Batterien.[79]

Im folgenden Abschnitt soll ein Konzept auf Basis des durchgeführten Projekts erarbeitet werden. Eine Blockchain-Implementierung übernimmt dabei das Netzwerkmanagement.

4.3.2 Konzept für ein blockchain-basiertes Netzengpassmanagement

Bevor sich ein Konzept zum blockchain-basierten Netzengpassmanagement erarbeiten lässt, müssen die Grundlagen des *Stromversorgungsnetzwerks* in aller Kürze erläutert werden.

Im *Stromversorgungsnetzwerk* sind zwei Hauptakteure zu unterscheiden. Zum einen sorgt der *Übertragungsnetzbetreiber* für die Stromversorgung über längere Strecken im Höchstspannungsnetz. In Deutschland existieren insgesamt vier Übertragungsnetzbetreiber, die für die Regelung und Balance zwischen Stromeinspeisung und Stromentnahme verantwortlich sind. Im Gegensatz dazu sind *Verteilnetzbetreiber* für den Transport des Stroms aus dem Fernnetz zu den strombedürftigen Haushalten zuständig. Diese betreiben die Netze im Nieder- und Mittelspannungsbereich und zahlen dem Übertragungsnetzbetreiber für die Nutzung der Netze eine Nutzungsgebühr.[80]

---

[78]Vgl. Bundesnetzagentur für Elektrizität, Gas, Telekommunikation, Post und Eisenbahnen (2019): 30. [8]

[79]Vgl. TenneT (2019). [49]

[80]Vgl. Strommagazin (2018). [47]

Annahmen

Das Netzengpassmanagement soll im folgenden Konzept zwischen den beiden Teilnehmern *Verteilnetzbetreiber* (Netzbetreiber) und *Prosumer* illustriert werden. Die Annahme ist, dass der stromliefernde Haushalt zur Stromerzeugung eine FVA inkl. Batteriespeicher besitzt. Weiterhin soll angenommen werden, dass jeder Haushalt an das örtliche Verteilnetz angeschlossen ist. Dieser Anschluss soll für die Belieferung und Einspeisung von Strom genutzt werden.[81] Des Weiteren wird angenommen, dass die Teilnehmer in einem Smart Grid verbunden sind. Das Smart Grid fungiert als Vernetzungs- und Kommunikationsmittel zwischen allen Erzeugern, Speichern und Verbrauchern von Energie. Bei den Prosumern ist der Einbau von Smart Metern erforderlich, um echtzeitgenerierte Daten über die Nachfrage und den Verbrauch von Energie an die Blockchain-Plattform zu übermitteln.[82] Dabei sei vorausgesetzt, dass die Smart-Meter-Gateway-Applikation mit der Blockchain kompatibel ist. Weiterhin wird angenommen, dass sowohl Netzbetreiber als auch Prosumer eindeutig zu identifizieren sind. Dabei sollen die Prosumer durch die Seriennummer ihres Heimspeichers im Blockchain-Netzwerk authentifiziert werden.[83]

Konzeptbeschreibung

Der Netzbetreiber stellt, im Zuge seines Bedarfs an Stromeinspeisung bzw. Stromentnahme zur Regulierung des Netzes, eine *Nachfrage an Flexibilität* (Abb. 4.8) und passt die Netznutzungsgebühr auf dieser Basis dynamisch an. Diese Nachfrage wird in die Blockchain-Plattform übernommen und nach einem passenden Angebot gesucht. Die Prosumer erzeugen und speichern mittels FVAs und Heimspeichern bestimmte Mengen an Strom, die mithilfe der Smart Meter erfasst und durch die Smart Meter Gateway in die Blockchain übernommen werden.

Der erzeugte Strom wird tokenisiert, um den Handel auf der Blockchain-Plattform zu ermöglichen. Jede erzeugte kWh entspricht dabei bspw. einem Token.[84] Auf Basis dieser Token erstellt der Prosumer ein Angebot, das anschließend mit der Nachfrage auf der Blockchain-Plattform abgeglichen wird *(Matching)*. Bei einem Matching kann eine Transaktion erfolgen. Informationen über die möglichen Kapazitäten der Heimspeicher werden in die Blockchain-

---

[81]Vgl. Mika/Goudz (2020): 89. [34]

[82]Vgl. Töllner (2017): 204. [50]

[83]Vgl. Deutsche Energie-Agentur (2020): 9. [13]

[84]Vgl. ebd.

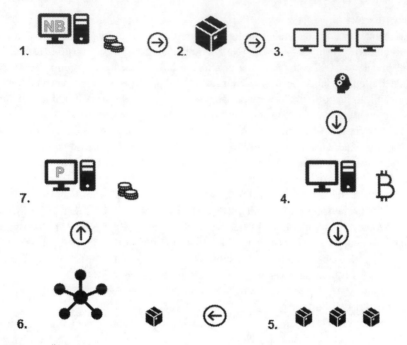

Abb. 4.7 Überweisungsablauf. (Quelle: Eigene Darstellung i. A. a. Ethereum-base 2017. [17])

Implementierung geschrieben und gespeicherte oder entladene Kilowattstunden sicher dokumentiert.[85]

Sobald ein Prosumer seinen erzeugten Strom an den Netzbetreiber geliefert hat, erhält er eine Vergütung in Form von Token. In der Blockchain sind eine Vielzahl von Rechnern miteinander vernetzt. Im folgendem Beispiel wird ein möglicher Überweisungsprozess zwischen zwei vernetzten Rechnern betrachtet (s. Abb. 4.7).[86]

1. Der Netzbetreiber (Computer NB) möchte einen Geldbetrag an den Prosumer (Computer P) für den gelieferten Strom übersenden. Dafür nutzt er seinen „private key" und seine digitale Börse (Wallet).

---

[85]Vgl. Mika/Goudz (2020): 92, 93. [34]
[86]Vgl. Bundesverband der Energie- und Wasserwirtschaft (2017): 12. [9]

2. Die Blockchain überträgt die Transaktion (Überweisung) mit zeitgleichen Transaktionen in einen neuen Block.
3. Anschließend wird dieser Block an die leistungsfähigen Rechner (Miner) übergeben, die den Hashwert des Blocks berechnen, um den Block zu bestätigen.
4. Der schnellste Miner wird für die korrekte Berechnung des Hash-Wertes mit Token entlohnt. Die Kontrolle des Hash-Wertes übernehmen die Nodes, die prüfenden Rechner.
5. Der neue Block wird an die bestehende Blockchain-Kette gehängt.
6. Anschließend wird der neue Block an das Blockchain-Netzwerk übergeben und schließlich auf alle Knoten des Netzwerks verteilt.
7. Die Transaktion ist erfolgt, sodass der Prosumer (Computer P) den gewünschten Überweisungsbetrag in seiner digitalen Geldbörse (Wallet) einsehen kann.[87]

Ein Smart Contract reguliert die monetäre Abwicklung des Matching-Resultats und bildet die Transaktion auf der Blockchain ab. Die Transaktionen erhalten zur Absicherung einen Zeitstempel sowie eine kryptografische Signatur. Basierend darauf kann eine automatisierte Abrechnung der Transaktionen stattfinden.[88]

Das Konzept beschreibt einen marktlichen Handel zwischen Netzbetreibern und Prosumern, der vollautomatisiert durch die Blockchain realisiert werden kann. Sobald kein passendes Angebot gefunden wird, muss der Netzbetreiber eingreifen und das Gleichgewicht im Netz herstellen.[89] Das Konzept wird in Abb. 4.8 visualisiert.

Ausgestaltung und Analyse
1. **Art der Blockchain**
2. **Konsensmechanismus**
3. **Schreib und Leserechte**

Bei der *1) Art der Blockchain* setzt das Konzept auf eine private Blockchain. Diese bietet den Vorteil, dass ausschließlich vorher definierte und bekannte Teilnehmer durch den Betreiber der Plattform ins Netzwerk aufgenommen werden

---

[87]Vgl. Ethereum-base (2017). [17]

[88]Vgl. Bundesnetzagentur für Elektrizität, Gas, Telekommunikation, Post und Eisenbahnen (2019): 30. [8]

[89]Vgl. Deutsche Energie-Agentur (2020): 9. [13]

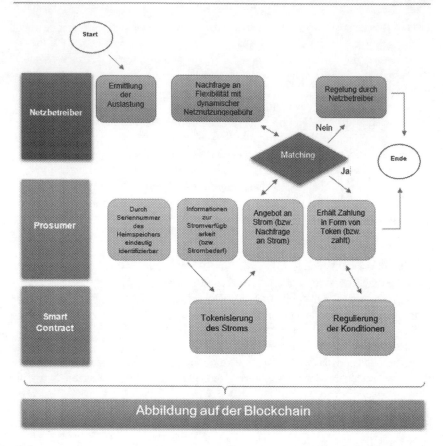

Abb. 4.8 Netzwerkengpassmanagement in der Blockchain. (Quelle: Eigene Darstellung i. A. a. Deutsche Energie-Agentur 2020: 9. [13])

können.[90] Smart Contracts regulieren Lese-, Verteilungs- sowie Modifikations-rechte. Als *2) Konsensmechanismus* soll, aufgrund der bereits dargestellten Gründe, der PoA Anwendung finden. Was die *3) Schreib- und Leserechte* betrifft, so erhalten die Teilnehmer der Blockchain-Implementierung lediglich Leserechte, während die Betreiber der Handelsplattform über Schreib- und Leserechte ver-fügen. Zusammenfassend ergibt sich die Blockchain-Implementierung in Tab. 4.3.

---

[90]Vgl. Merz (2016): 57. [33]

Tab. 4.3 Ausgestaltung der Blockchain-Implementierung für das Netzwerkengpassmanagement. (Quelle: Eigene Darstellung.)

Kriterium	Ausgestaltung
Blockchain-Art	Private Blockchain
Konsensmechanismus	Proof-of-Authority
Teilnehmer	Netzbetreiber Haushalte mit FVA und Heimspeicher
Wallet	Durchführung von Zahlungen mit Kryptowährung
Schreib- und Leserechte	Teilnehmer: Leserechte Authority: Schreib- und Leserechte
Smart Contracts	WENN: Angebot und Nachfrage übereinstimmen DANN: Reguliert Zahlungen und Transfer von Strom SONST: Sorgt Netzbetreiber für ein Gleichgewicht im Netz Führt Dokumentation über verfügbare Strommengen und Transaktionen
Smart Meter	Erfassung der Strommenge
Smart Meter Gateway	Einbeziehung in das Kommunikationsnetz
Smart Grid	Vernetzung und Kommunikationsmittel
Tokenisierung	Strommenge bzw. Kapazitäten der Heimspeicher 1 kWh = 1 Token
Nachfrage der Netzbetreiber	Bedarf an Stromeinspeisung bzw. Stromentnahme Aufstellung einer dynamischen Netznutzungsgebühr
Angebot der Haushalte mit Heimspeichern	Angebot an Stromeinspeisung bzw. Stromentnahme

Das Konzept kann mithilfe der BCT das Netzengpassmanagement optimieren. Auf Basis der automatisierten Abwicklungen wäre ein dezentraler Daten- und Energieaustausch mit geringen Transaktionskosten möglich. Des Weiteren könnte flexibel mit Verteilnetzbetreibern kooperiert werden. Die große Anzahl kleiner dezentraler Heimspeicher erhält eine stabilisierende Funktion für das Stromnetz.[91]

Redispatch-Maßnahmen sind mit hohen Kosten verbunden, das Abregeln von WKAs kostet einen Netzbetreiber jährlich mehrere Mio. €. Vermeiden lassen sich

---

[91]Vgl. TenneT (2019). [49]

diese Kosten durch die Einbindung von Batteriespeichern, die bei Schwankungen die Netzbalance wiederherstellen könnten. Da sich im Zuge dessen die Häufigkeit von Redispatch-Maßnahmen reduzieren ließe, könnten Verbraucher von geringeren Netzentgelten profitieren; zusätzlich würden Haushalte mit Batteriespeichern Strom mit Grenzkosten nahe Null erhalten.[92]

Darüber hinaus ermöglicht die BCT automatisierte Abläufe auf einem lokalen Strommarkt und die Flexibilisierung des Stromverbrauchs gemäß Auslastungssignalen. Dabei nehmen energieliefernde Haushalte eine zentrale Rolle ein.[93] Im Hinblick auf die Energiewende kann Energie eingespart und der Ausbau erneuerbarer Energien gefördert werden. Die umweltbewusste Energieerzeugung aus erneuerbaren Energien ließe sich steigern, indem Strom ausschließlich aus erneuerbaren Energien gehandelt wird.[94] Zusätzlich kann, strategisch gesehen, der geplante Netzausbau in Deutschland in seinem Umfang verringert und Kosten eingespart werden.[95]

Weiterhin ermöglicht die BCT die Organisation und Durchführung fälschungssicherer Transaktionen in einem begrenzten Umfeld. Die Smart Contracts automatisieren sichere und in der Blockchain dokumentierte Transaktionen.[96]

Allerdings müssten bei diesem Konzept zahlreiche Hürden überwunden werden. Zum einen ergeben sich diese aufgrund der technologischen Reife der BCT. Das Konzept geht von einer dynamischen, stets veränderbaren Netznutzungsgebühr aus, sodass ein hohes Maß an Skalierbarkeit notwendig ist.[97] Zusätzlich erfordern die dezentrale Netzwerkstruktur und die gleiche Verteilung der Daten an die Knoten eine sehr hohe Speicherkapazität.[98] Durch das ständige Beibehalten der Transaktionshistorie steigt die Speicherkapazität der Knoten stetig.[99]

Weiterhin sind regulatorische Bedingungen zu beachten. Denn im regulären Fall bestimmt die Bundesnetzagentur in Deutschland das Entgelt für die Netznutzung, sodass dynamische Netznutzungsgebühren nicht akzeptiert werden.[100]

---

[92]Vgl. Zimmermann/Hoppe (2018): 37. [55]

[93]Vgl. Bundesverband der Energie- und Wasserwirtschaft (2017): 37. [9]

[94]Vgl. Rüdiger (2018). [42]

[95]Vgl. Deutsche Energie-Agentur (2020): 9. [13]

[96]Vgl. Fertig/Schütz (2019): 270. [18]

[97]Vgl. Deutsche Energie-Agentur (2020): 9. [13]

[98]Vgl. Schütte et al. (2017): 41. [44]

[99]Vgl. Bogensperger et al. (2018): 54. [3]

[100]Vgl. Deutsche Energie-Agentur (2020): 9. [13]

Außerdem sind Vorschriften bei der Zahlung in Form von Tokens zu berücksichtigen. Zudem müssen, sobald Token in Geld umgewandelt werden, Vorschriften der Finanzaufsicht beachtet werden.[101] Sollten personenbezogene Daten der Prosumer genutzt werden, ist diese Nutzung mit den gesetzlichen Vorgaben der Datenschutzgrundverordnung in Einklang zu bringen.[102]

Zudem muss beachtet werden, dass für den blockchain-basierten Handel intelligente Messsysteme erforderlich sind, die zurzeit nicht allerorts zur Verfügung stehen.[103] Für einen funktionierenden Handel ist ein ausgebautes Netzwerk notwendig. Dafür müssten alle Haushalte mit Smart Metern ausgestattet sein und intelligente Netze (Smart Grids) sowie ein funktionierender Breitbandausbau realisiert werden.[104]

Insgesamt lässt sich feststellen, dass vor dem Hintergrund der Energiewende die Nutzung erneuerbarer Energien wächst. Das erfordert neue Technologien und Lösungsansätze, um die Steuerung und Abwicklung energiewirtschaftlicher Prozesse zu ermöglichen.[105]

Die BCT kann das Netzengpassmanagement unterstützen, jedoch müssten technologische, regulatorische und gesetzliche Bedingungen beachtet werden.[106]

---

[101]Vgl. ebd., 1.

[102]Vgl. ebd., 2.

[103]Vgl. Bundesnetzagentur für Elektrizität, Gas, Telekommunikation, Post und Eisenbahnen (2019): 32. [8]

[104]Vgl. Witsch (2018). [54]

[105]Vgl. TenneT (2019). [49]

[106]Vgl. Deutsche Energie-Agentur (2020): 9. [13]

Fazit

5

Im Fokus dieses *Essentials* stand die Beantwortung der Leitfrage, inwiefern die Blockchain dabei helfen kann, die Energiewende voranzutreiben.

Dazu wurde zunächst der Begriff „Blockchain" definiert und abgegrenzt. Weiterhin wurden wesentliche technologische und theoretische Grundlagen zur Funktionsweise der BCT erläutert.

Zusätzlich wurde auf bestehende Standards und neue Technologien im Energiesektor eingegangen. Im Fokus standen dabei die Möglichkeiten der Digitalisierung sowie die Frage, wie diese einen Beitrag zur Energiewende leisten können. Damit einher ging die Frage, inwieweit die BCT mit ihren technologischen Eigenschaften in der Energiewirtschaft eingesetzt werden und welchen Beitrag sie zur Energiewende leisten könnte.

Im Hinblick auf diese Leitfrage wurden die möglichen Anwendungsgebiete *Elektromobilität*, *Emissionshandel* und *Netzwerkengpassmanagement* analysiert. Auf Basis der technologischen Kenntnisse der BCT wurden, in Kombination mit neuen Technologien der Energiewirtschaft, blockchain-basierte Konzepte erarbeitet.

Im Bereich der *Elektromobilität* hat sich gezeigt, dass sich die BCT als manipulationssichere und transparente Handelsplattform erweist und den Transaktionsprozess mithilfe von „Smart Contracts" an Ladesäulen vereinfachen kann. In Kombination mit Smart Meter und einem mit der BCT kompatiblen „iMSys" können sichere Daten- und Strommengen transferiert werden. Dem derzeitig bestehenden Problem der fehlenden flächendeckenden Ladestation-Infrastruktur kann entgegengewirkt und im Zuge der Energiewende ein positiver Beitrag geleistet werden. Allerdings sind dabei, unter anderem, technologische Grenzen wie die fehlende Interoperabilität der BCT und insbesondere rechtliche Herausforderungen wie das EnGW sowie steuerrechtliche Hintergründe zu beachten.

A. Goudz und M. Jasarevic, *Einsatz der Blockchain-Technologie im Energiesektor*, essentials, https://doi.org/10.1007/978-3-658-31120-9_5

Auch im Bereich des *Emissionshandels* lässt sich die BCT einsetzen, sodass ein globaler Handel von CO_2-Zertifikaten denkbar wäre. Die BCT kann dabei mit ihren technologischen Eigenschaften vor Manipulation und Duplizierung schützen. Der Handel von Emissionsrechten ließe sich durch Smart Contracts regulieren und Transaktionen mittels Kryptowährungen durchführen, sodass insgesamt eine globale Verringerung der Emissionsausstöße erzielt und damit ein Mehrwert für die Energiewende geschaffen werden könnte. Dabei ist eine Tokenisierung der CO_2-Zertifikate denkbar, die auf einer blockchain-basierten Handelsplattform gehandelt werden könnten. Die Analyse der dabei auftretenden Herausforderungen hat gezeigt, dass zivil- sowie datenschutzrechtliche Hintergründe zu revidieren und weitere technologische Grenzen zu beachten sind.

Neben der Elektromobilität und dem Emissionshandel kann die BCT im Bereich des *Netzwerkengpass-Managements* eingesetzt werden und durch die Integration von dezentralen Heimspeichern für netzstabilisierende Maßnahmen sorgen. Dies würde dem kostspieligen Ausbau von Stromautobahnen entgegenwirken und zusätzlich Redispatch- sowie Notmaßnahmen im Stromnetz regulieren. Angebot an und Nachfrage von Strom können in Form einer manipulationssicheren Energiehandelsplattform durch eine Blockchain-Lösung in ein Gleichgewicht gebracht werden, sodass sich der regionale Energieausgleich fördern lässt. Dabei ließe sich der Markteintritt kleiner Erneuerbare-Energie-Erzeuger fördern und die dezentrale Energieversorgung vorantreiben.

Mithilfe von Smart Meter und Smart Grid soll eine Vernetzung und Kommunikation gelingen, sodass sich Stromeinspeisung und Stromentwendung besser ausbalancieren lassen. Smart Contracts regulieren dabei die Zahlungen und den Transfer von Strom und dokumentieren die Vorgänge lückenlos.

Dabei sei eine dynamische Netznutzungsgebühr angenommen, die bislang aufgrund gesetzlicher Regelungen nicht vollkommen durchsetzbar wäre. Des Weiteren ist für die Umsetzung eines blockchain-basierten Netzwerkengpass-Managements ein ausgebautes und intelligentes Netzwerk vonnöten, das derzeit nur in Teilen existent ist.

Bezüglich der eingangs formulierten Leitfrage lässt sich insgesamt feststellen, dass die BCT das Potenzial besitzt, einen Beitrag zur Energiewende zu leisten. Die entwickelten Konzepte haben gezeigt, dass der Einsatz der BCT diverse Vorteile bietet, die helfen könnten, die formulierten Ziele im Rahmen der Energiewende zu erreichen. Jedoch sind für die vollständige Ausschöpfung dieser Potenziale technologische, ökonomische und vor allem rechtliche Herausforderungen und Fragen im jeweiligen Anwendungsgebiet individuell zu lösen.

Was Sie aus diesem *essential* mitnehmen können

- Grundlagen und Funktionsweise der Blockchain-Technologie
- Herausforderungen in der Energiewirtschaft
- Use Cases der Blockchain-Technologie im Energiesektor
- Wesentliche Erkenntnisse und Prozessschritte von blockchain-basierten Konzepten
- Stärken und Schwächen der Blockchain-Technologie in ausgewählten energiewirtschaftlichen Anwendungsbereichen

Literatur

1. Agentur für Erneuerbare Energien. (o. J.). Netzengpassmanagement. http://www. kombikraftwerk.de/kombikraftwerk-2/systemdienstleistungen/netzengpass-management.html. Zugegriffen: 14. Apr. 2020.
2. Amthor, A., Metzger, M., & Nießen, S. (2019). Pebbles: Architekturkonzept steht. Feldtest für lokalen Strommarkt. *ew-Magazin, ew-Spezial II/2019,* 18–21.
3. Bogensperger, A., Zeiselmair, A., & Hinterstocker, M. (2018). Die Blockchain-Technologie – Chance zur Transformation der Energieversorgung? https://www.ffe. de/attachments/article/803/Blockchain_Teilbericht_Technologiebeschreibung.pdf. Zugegriffen: 14. Apr. 2020.
4. Bundesministerium für Umwelt, Naturschutz und nukleare Sicherheit (BMU). (2013). Emissionshandel – Was ist das? https://www.bmu.de/themen/klima-energie/emissions-handel/emissionshandel-was-ist-das/. Zugegriffen: 14. Apr. 2020.
5. Bundesministerium für Wirtschaft und Energie. (Hrsg.). (2018a). Barometer Digitalisierung der Energiewende. Modernisierungs- und Fortschrittsbarometer zum Grad der Digitalisierung der leitungsgebundenen Energiewirtschaft. https://www. bmwi.de/Redaktion/DE/Publikationen/Studien/barometer-digitalisierung-der-energie-wende.pdf?__blob=publicationFile&v=24. Zugegriffen: 14. Apr. 2020.
6. Bundesministerium für Wirtschaft und Energie. (2018b). Was ist eigentlich ein „Netz-engpass"? https://www.bmwi-energiewende.de/EWD/Redaktion/Newsletter/2018/03/Meldung/direkt-erklaert.html. Zugegriffen: 14. Apr. 2020.
7. Bundesministerium für Wirtschaft und Energie. (2020). Smart Meter: Intelligente Messsysteme für die Energiewende. https://www.bmwi.de/Redaktion/DE/Text-sammlungen/Energie/smart-meter.html. Zugegriffen: 14. Apr. 2020.
8. Bundesnetzagentur für Elektrizität, Gas, Telekommunikation, Post und Eisenbahnen. (Hrsg.). (2019). Die Blockchain-Technologie. Potenziale und Herausforderungen in den Netzsektoren Energie und Telekommunikation. https://www.bundesnetzagentur. de/SharedDocs/Downloads/DE/Allgemeines/Bundesnetzagentur/Publikationen/Berichte/2019/DiskussionspapierBlockchain.pdf?__blob=publicationFile&v=2. Zugegriffen: 14. Apr. 2020.

9. Bundesverband der Energie- und Wasserwirtschaft. (Hrsg.). (2017). Blockchain in der Energiewirtschaft. https://www.bdew.de/service/publikationen/blockchain-energiewirtschaft/. Zugegriffen: 14. Apr. 2020.
10. Bundesverband WindEnergie. (2018). Funktionsweise von Windenergieanlagen. Funktionsweise und techn. Fortschritte. https://www.wind-energie.de/themen/anlagentechnik/funktionsweise/. Zugegriffen: 14. Apr. 2020.
11. Bundi, N. (2019). Tokenisierung von Vermögenswerten: Revolution der Finanzmärkte. https://www.it-finanzmagazin.de/tokenisierung-vermoegenswerte-revolution-finanzmaerkte-90582/. Zugegriffen: 14. Apr. 2020.
12. Burgwinkel, D. (2016). Blockchaintechnologie und deren Funktionsweise verstehen. In D. Burgwinkel (Hrsg.), *Blockchain Technologie – Einführung für Business- und IT Manager* (S. 3–50). Berlin: De Gruyter.
13. Deutsche Energie-Agentur (dena). (2020). Use Cases der Studie Blockchain in der integrierten Energiewende. https://www.dena.de/fileadmin/dena/Publikationen/PDFs/2019/dena_Blockchain_Studie_Poster_A0.pdf. Zugegriffen: 14. Apr. 2020.
14. Drescher, D. (2017). *Blockchain Grundlagen. Eine Einführung in die elementaren Konzepte in 25 Schritten*. Frechen: mitp (mitp Business).
15. Edelmann, H., Jung, R., & Nailis, D. (2018). Das Veränderungspotenzial digitaler Technologien in der Energiewirtschaft. Studie 2018. In BET & Ernst&Young (Hrsg.). https://www.bet-energie.de/fileadmin/redaktion/PDF/Studien_und_Gutachten/Studie_Digitale_Technologien_in_der_Energiebranche.pdf. Zugegriffen: 14. Apr. 2020.
16. Energate. (2019). Keine Energiewende ohne Smart Meter und Gateways. In energate. https://www.wiso-net.de/document/ENER__D5F0A5DBC1F2110BDF9F95E93CE9CB06. Zugegriffen: 14. Apr. 2020.
17. Ethereum-base. (2017). Ethereum-base. http://ethereum-base.com/blockchain/. Zugegriffen: 14. Apr. 2020.
18. Fertig, T., & Schütz, A. (2019). *Blockchain für Entwickler. Grundlagen, Programmierung, Anwendung*. Bonn: Rheinwerk.
19. Finck, M. (2019). Grundlagen und Technologie von Smart Contracts. In M. Fries & B. P. Paal (Hrsg.), *Smart Contracts* (S. 1–12). Tübingen: Mohr Siebeck.
20. Finkenbrink, C. (2018). CO_2- Zertifikate kaufen. https://www.aktien-kaufen.de/ratgeber/co2-zertifikate-kaufen/. Zugegriffen: 14. Apr. 2020.
21. Fridgen, G., et al. (2019). Chancen und Herausforderungen von DLT (Blockchain) in Mobilität und Logistik. In Bundesministerium für Verkehr und digitale Infrastruktur (Hrsg.). Berlin. https://www.bmvi.de/SharedDocs/DE/Anlage/DG/blockchain-gutachten.pdf?__blob=publicationFile. Zugegriffen: 14. Apr. 2020.
22. Hagenau, M. (2019). Emissionshandel: So funktioniert der Handel mit den CO_2- Zertifikaten. https://utopia.de/ratgeber/emissionshandel-so-funktioniert-der-handel-mit-den-co2-zertifikaten/. Zugegriffen: 14. Apr. 2020.
23. Heinen, C., & Behm, C. (2019). Stadtwerke in den Plattformmodus bringen. Digitale Geschäftsmodelle. *ew-Magazin, ew-Spezial II/2019*, 6–8.
24. Heise. (2019). Elektroautos: Bosch zeigt „intelligente" Ladesäule. https://www.heise.de/-4422593. Zugegriffen: 14. Apr. 2020.
25. Hessel, S. (2017). Die digitale Energiewende: Das neue Energieökosystem im digitalen Zeitalter. In N. Elert (Hrsg.), *Innovativ. Integrativ. Intelligent. Auf dem Weg in die Energiewirtschaft 4.0: Sichtweisen von women&energy – das energiegeladene Frauennetzwerk!* (S. 35–46). Frankfurt a. M.: EW Medien und Kongresse GmbH.

26. Hübner, C. (2017). Blockchain und Klimaschutz. Neue Wege der Entwicklungs-zusammenarbeit. In Konrad-Adenauer-Stiftung (Hrsg.). https://www.kas.de/de/einzel-titel/-/content/blockchain-und-klimaschutz-v1. Zugegriffen: 14. Apr. 2020.

27. IG Windkraft- Interessengemeinschaft Windkraft Österreich- IGW. (2015). Wie funktioniert ein Windrad. https://www.igwindkraft.at/?mlval_ID_KEY[0]=1258. Zugegriffen: 14. Apr. 2020.

28. InnPro. (2019). Wie funktioniert eine Solaranlage? https://www.solaranlagen-abc.de/funktion-photovoltaik/. Zugegriffen: 14. Apr. 2020.

29. Kloth, C. (2018). Motionwerk stellt Blockchain-Ladenetz Share&Charge ein. https://bizz-energy.com/motionwerk_stellt_blockchain_ladenetz_sharecharge_ein. Zugegriffen: 14. Apr. 2020.

30. Lichtblick. (2019). Ladesäulencheck 2019. https://www.lichtblick.de/files/pressemit-teilungen/2019/PDF/190626_Hintergrund_Ladesäulencheck2019.pdf. Zugegriffen: 14. Apr. 2020.

31. Lutz, C., & Breitschopf, B. (2016). Systematisierung der gesamtwirtschaftlichen Effekte und Verteilungswirkungen der Energiewende. Osnabrück. https://www.bmwi.de/Redaktion/DE/Publikationen/Studien/systematisierung-gesamtwirtschaftlichen-effekte-und-verteilungswirkungen-der-energiewende.pdf?__blob=publicationFile&v=12. Zugegriffen: 14. Apr. 2020.

32. Malanov, A. (2017). Warum die Blockchain-Technologie gar nicht so schlecht ist. Wie können die 6 Hauptprobleme der Blockchain gelöst werden, damit sie schneller, besser und effizienter arbeitet. https://www.kaspersky.de/blog/good-good-blockchain/14870/. Zugegriffen: 14. Apr. 2020.

33. Merz, M. (2016). Einsatzpotenziale der Blockchain im Energiehandel. In D. Burg-winkel (Hrsg.), *Blockchain Technologie – Einführung für Business- und IT Manager* (S. 51–98). Berlin: De Gruyter.

34. Mika, B., & Goudz, A. (2020). *Blockchain-Technologie in der Energiewirtschaft*. Berlin: Springer.

35. Müller, H. (2019). Die eigene Stromtankstelle. In CREDITREFORM – Das Unter-nehmermagazin. https://wiso-net.de/document/VCNE__091902019. Zugegriffen: 14. Apr. 2020.

36. Niggehoff, L-T. (2018). Eine Art Airbnb für Ladesäulen. Zwei Dinge stehen dem Erfolg von Elektroautos im Weg: die magere Ladeinfrastruktur und ein Wirrwarr an Bezahlsystemen. Ein Start-up hat eine Lösung parat: die Blockchain. https://www.zeit.de/mobilitaet/2018-02/elektromobilitaet-ladesaeulen-elektroautos-blockchain. Zugegriffen: 14. Apr. 2020.

37. Paschotta, R. (2020). Solarstromspeicher. https://www.energie-lexikon.info/solar-stromspeicher.html. Zugegriffen: 14. Apr. 2020.

38. Pöttinger, H. (2018). Digitale Signatur. http://haraldpoettinger.com/digitale-signatur/. Zugegriffen: 14. Apr. 2020.

39. Quirin, I. (2017). Schlaue Stromzähler. In CREDITREFORM – Das Unternehmer-magazin Nr. 6. 48–49. https://www.wiso-net.de/document/BLIS__021878E861930943 23E15321D645E566. Zugegriffen: 14. Apr. 2020.

40. Reichenbach, F., Schmitt, A., & Schneider, J. (2017). Digitale Geschäftsmodelle im Energiemarkt- Ein Leitfaden. In A. Borgmeier, A. Grohmann, & S. F. Gross (Hrsg.), *Smart services und Internet der Dinge. Geschäftsmodelle, Umsetzung und Best*

Practices : Industrie 4.0, Internet of Things (ioT), Machine-to-Machine, Big Data, Augmented Reality Technologie (S. 221–239). München: Hanser.

41. Risiko Manager. (Hrsg.). (2019). Chancen und Risiken der Blockchain-Technologie für Finanzdienstleister. In *RISIKO MANAGER* Heft 10/2019. https://www.wiso-net.de/document/RISK__cc6a738b7bba5de490865201b33f9ecb09407629. Zugegriffen: 14. Apr. 2020.

42. Rüdiger, A. (2018). Die Blockchain im Mikrogrid-Test. In VDI NR. 01-02-03: 18. https://www.wiso-net.de/document/VDIN__VDINC3D79F9B953E4463B5DC8609F3F3B98F. Zugegriffen: 14. Apr. 2020.

43. Schlatt, V., Schweizer, A., Urbach, N., & Fridgen, G. (2016). Blockchain: Grundlagen, Anwendungen und Potenziale. Projektgruppe Wirtschaftsinformatik des Fraunhofer-Instituts für Angewandte Informationstechnik FIT. Bayreuth. https://www.fit.fraunhofer.de/content/dam/fit/de/documents/Blockchain_WhitePaper_Grundlagen-Anwendungen-Potentiale.pdf. Zugegriffen: 14. Apr. 2020.

44. Schütte, J., et al. (2017). Blockchain und Smart Contracts. Technologien, Forschungsfragen und Anwendungen. Augsburg Bayreuth. https://www.fraunhofer.de/content/dam/zv/de/forschung/artikel/2017/Fraunhofer-Positionspapier_Blockchain-und-Smart-Contracts_v151.pdf. Zugegriffen: 14. Apr. 2020.

45. Schwieters, N. (2017). Einführung. Energiewende als Chance für Unternehmen. In PricewaterhouseCoopers (Hrsg.), *Regulierung in der deutschen Energiewirtschaft: Bd. II Strommarkt* (S. 1–14). Freiburg: Haufe Lexware.

46. Share&Charge. (2017). Steuern und Abgaben: Was Ladestationsbetreiber beachten müssen. https://shareandcharge.com/steuern-und-abgaben-was-ladestationsbetreiber-beachten-muessen/. Zugegriffen: 14. Apr. 2020.

47. Strommagazin. (2018). Stromnetz-Betreiber: Vom Übertragungsnetz zum Verteilnetz. Linden. https://www.strom-magazin.de/info/stromnetz-betreiber/. Zugegriffen: 14. Apr. 2020.

49. TenneT. (2019). Blockchain-Pilot zeigt Potenzial von dezentralen Heimspeichern für das Energiesystem von morgen. https://www.tennet.eu/de/news/news/blockchain-pilot-zeigt-potenzial-von-dezentralen-heimspeichern-fuer-das-energiesystem-von-morgen-1/. Zugegriffen: 14. Apr. 2020.

48. Trurnit. (2019). Woher kommt eigentlich der Strom für die E-Autos? https://www.smarter-fahren.de/woher-strom-fuer-elektroautos/. Zugegriffen: 14. Apr. 2020.

50. Töllner, M. (2017). Technologien zur Umsetzung der Energiewende. Smart Grid und intelligente Messsysteme. Smart Grid in der Energiewende. In PricewaterhouseCoopers (Hrsg.), *Regulierung in der deutschen Energiewirtschaft: Bd. II Strommarkt* (S. 203–204). Freiburg: Haufe Lexware.

51. UKA (Umweltgerechte Kraftanlagen). (o. J.). Wie funktioniert eine Windenergieanlage? https://www.uka-gruppe.de/buerger-kommunen/funktionsweise-einer-windenergieanlage/. Zugegriffen: 14. Apr. 2020.

52. Umweltbundesamt. (2018). Kyoto Protokoll. https://www.umweltbundesamt.de/themen/klima-energie/internationale-eu-klimapolitik/kyoto-protokoll. Zugegriffen: 14. Apr. 2020.

53. Wilkens, R., & Falk, R. (2019). *Smart contracts*. Wiesbaden: Springer Fachmedien.

54. Witsch, K. (2018). Blockchain-Technologie könnte die nächste Energiewende einleiten. https://www.handelsblatt.com/unternehmen/energie/strommarkt-blockchain-technologie-koennte-die-naechste-energiewende-einleiten/22837862.html?ticket=ST-8109155-d4NeC4bPOYV7lC4b1ctS-ap5. Zugegriffen: 14. Apr. 2020.
55. Zimmermann, H., Hoppe, J., & Kalle, P. E. (2018). Chancen und Risiken der Blockchain für die Energiewende. Hintergrundpapier. In Germanwatch e. V. (Hrsg.). Bonn. www.germanwatch.org/de/15043. Zugegriffen: 14. Apr. 2020.

„Zum Weiterlesen"

56. Bundesverband der Energie- und Wasserwirtschaft. (Hrsg.). (2017). Blockchain in der Energiewirtschaft. https://www.bdew.de/service/publikationen/blockchain-energiewirtschaft/.
57. Deutsche Energie-Agentur (dena). (2020). Use Cases der Studie Blockchain in der integrierten Energiewende. https://www.dena.de/fileadmin/dena/Publikationen/PDFs/2019/dena_Blockchain_Studie_Poster_A0.pdf.
58. Fertig, T., & Schütz, A. (2019). *Blockchain für Entwickler. Grundlagen, Programmierung, Anwendung*. Bonn: Rheinwerk.
59. Merz, M. (2019). *Blockchain im B2B-Einsatz. Technologien, Anwendungen und Projekte*. Hamburg: MM.
60. Mika, B., & Goudz, A. (2020). *Blockchain-Technologie in der Energiewirtschaft*. Berlin: Springer.

Printed in the United States
By Bookmasters